MARTHA LIEBERMANN
(1857–1943)

JÜDISCHE MINIATUREN
Herausgegeben von Hermann Simon

Band 247 MARTHA LIEBERMANN

Alle »Jüdische Miniaturen« sind auch im Abonnement
beim Verlag erhältlich.

Die Deutsche Nationalbibliothek verzeichnet diese Publikation
in der Deutschen Nationalbibliografie; detaillierte Daten sind im
Internet über https://portal.dnb.de/ abrufbar.

© 2019 Hentrich & Hentrich Verlag Berlin Leipzig
Inh. Dr. Nora Pester
Haus des Buches
Gerichtsweg 28
04103 Leipzig
info@hentrichhentrich.de
http://www.hentrichhentrich.de

Korrektorat: Simon Raulf
Satz: Barbara Nicol
Druck: Winterwork, Borsdorf

1. Auflage 2019
Alle Rechte vorbehalten
Printed in Germany
ISBN 978-3-95565-348-4

MARINA SANDIG

MARTHA LIEBERMANN

EIN LEBEN IN HOFFNUNG AUF KÜNFTIGE ANDERE ZEITEN

Umschlag vorn:
Martha Liebermann, 1932

 Berliner Sparkasse | **Gut für Berlin. Seit 1818.**

Das Max Liebermann Haus am Brandenburger Tor in Berlin ist Sitz der Stiftung Brandenburger Tor, der Kulturstiftung der Berliner Sparkasse.
Der Auftrag der Stiftung ist es, mit Kultur die Demokratie zu stärken. Dazu gehört, die Erinnerung an Max und Martha Liebermann an diesem Ort wach zu halten. Deshalb freuen wir uns besonders über diese Biographie.

Inhalt

Statt einer Einleitung	7
Die Geburt des jüdischen Mädchens Martha	10
Familie und Familienkreise	10
Geschichten und Bilder	19
Sozialisation, Ehe und Familie – preußisch-jüdisches Liebesglück	23
Erinnerungsorte – Gedächtnislandschaft	31
Genius loci. Das Haus und die Dame am Pariser Platz	33
Martha Liebermanns bürgerliches Engagement – deutsch-jüdisches Geistesleben und Berliner Geistesszene	44
Die Hochzeit der Tochter und spätere Schicksalsschläge	53
Martha Liebermann und der Kunsthandel	69
Ausschnitt aus der humanitären Katastrophe des Nationalsozialismus – »Freitod« – Shoah	75
Schluss – Erinnerung und Gedenkkultur	92
Anmerkungen	94
Bildnachweis	104
Über die Autorin	105

Statt einer Einleitung

Ungebrochen, und das zu Recht, ist das Interesse an Martha Liebermann (1857–1943), geborene Marckwald. Das Ende der nationalsozialistischen Herrschaft jährt sich 2020 zum 75. Mal. Ein Grund mehr, an die willensstarke und mutige Martha Liebermann zu erinnern und gegen das Vergessen zu schreiben, aber auch die fortdauernde Bedeutung des Vermächtnisses von Martha Liebermann und Familie in Berlin zu zeigen und zu ehren. Martha Liebermann durchlitt von 1933 bis in den »Freitod« zehn Jahre alle Stufen der menschlichen Entrechtung und Entwürdigung.
Als Tochter wohlhabender Eltern war sie seit 1884 Frau des impressionistischen Künstlers Max Liebermann, der zu einem der populärsten Künstler seiner Zeit aufstieg. Ihr Leben stand nach dem Tod ihres Mannes 1935 im Zeichen eines mörderisch werdenden Antisemitismus. Sie wurde stigmatisiert und als Jüdin von der Gesellschaft ausgeschlossen. Vergeblich war ihr starker Glaube, »Deutsche zu sein«. Die »Hoffnung auf künftige andere Zeiten«, und dass die Kunst »stets volks- und völkerversöhnend wirken kann«, erwiesen sich als Illusion.
Martha Liebermann trat für einen modernen Anspruch auf Emanzipation als Frau, Mutter und Jüdin ein. Sie verkörperte alles, was man schätzt: jüdische

Tradition, Engagement und eine Leidenschaft für Kultur und die schönen Künste. Mit klaren Vorstellungen und emotionaler Kraft war Martha Liebermann eine resolute Frau, die für Verständigung und Toleranz warb. Sich der Verantwortung als Mensch zu stellen, bewies Martha Liebermann weitsichtig und großherzig. Ambitioniert zeigte sie ihr zivilgesellschaftliches Bewusstsein für die Gemeinschaft und für die Selbstbestimmung junger Schauspielerinnen. 1934 trug sie zur Rettung jüdischer Waisenkinder bei.

Die Rekonstruktion der Lebenswelt der Martha Liebermann, sowohl jenes Kulturbewusstsein als auch jenes verwandtschaftliche Beziehungsgeflecht, aus dem heraus sie agierte und auf das sie stolz war, förderte jüdische Familienmitglieder zu Tage, die in der Kaiserzeit zu Hoflieferanten im Juwelier- und Bankgeschäft oder zu Königlichen Antiquaren aufstiegen. Einen nachhaltigen Einfluss auf die europäische und internationale Kultur hatte auch ein Verwandter, ein Schöpfer von Synagogen und Bauten der Bildung, der mit Martha seinen Platz in der kulturellen Gedächtnislandschaft bekommen soll.

Marthas facettenreiches und kosmopolitisches Leben schließt die Tochter Käthe und deren Ehemann, den Diplomaten Kurt Riezler ein, der 1938 mit Frau und Tochter in die USA emigrieren musste. In dieser Zeit wollte Martha Liebermann auf einer Londoner Verkaufs-Ausstellung selbst für ihre Ausreise sorgen. Der Traum der Assimilation erwies sich jedoch als trügerisch. Als Martha Liebermann sich letztlich zu spät entschloss, eine Emigration in Erwägung zu ziehen, wurde ihr dies durch die erpresserische antisemitische »Reichsfluchtsteuer« der Nationalsozialisten verwehrt. Kunstwerke konnten ihr Leben nicht retten.

Am 4. März 1943 wurde Martha Liebermann schonungslos mit dem Deportationsbescheid konfrontiert. Das letzte Dokument aus Marthas Leben ist ein erschütternder Brief Martha Liebermanns an Erich Alenfeld, der in vielen Publikationen als ein Glied in der Rettungskette Martha Liebermanns beschrieben ist. Alenfeld notierte später auf diesen Brief vom 4. März 1943: »abgeholt 5.III.43 morgens! Gift genommen!« Martha Liebermanns Leid und Tod und mit ihr die Vernichtung von mehreren Dutzend Verwandten, darunter viele Frauen und Kinder, erinnern an die Millionen Opfer des Völkermordes an den europäischen Juden.

Die Erinnerung und Gedenkkultur liegen mir persönlich sehr am Herzen – sie sind unteilbar.

Marina Sandig, August 2019

Die Geburt des jüdischen Mädchens Martha

»Am 8. Oktober 1857 um 3 Uhr nachmittags [ist] ein weibliches Kind geboren worden. Es erhielt den Vornamen ›Martha‹.« Das bescheinigt das Königliche Stadtgericht zu Berlin, zuständig für alle Juden und Dissidenten. In den Preußischen Geburtsregistern, die für alle geführt wurden, die keiner Kirche angehörten, heißt es weiter, dass »dieses Kind dem Kaufmann Heinrich Benjamin Marckwald und seiner Ehefrau Ottilie Pringsheim geboren worden [ist]«.[1]
Aus dem kleinen jüdischen Mädchen wurde die Frau des glanzvollen Künstlers und Präsidenten der *Berliner Secession* und der *Preußischen Akademie der Künste* – Max Liebermann.

Familie und Familienkreise

Martha hatte jüdische Großeltern mütterlicher- und väterlicherseits und jüdische Eltern sowie später jüdische Schwiegereltern.
Die Ursprünge der Familien Marckwald und Liebermann, die familiäre Verbindungen eingingen, begannen im westpreußischen Grenzstädtchen Märkisch Friedland, das heute Miroslawiec heißt und in Westpommern in Polen liegt. Die ermittelten jüdischen

Wurzeln der Vorfahren reichen bis vor 1740 zurück. In sieben Generationen, ausgehend vom Judenältesten Joachim Marcus (nach der Napoleonischen Zeit heißen seine Nachkommen Marckwald) und Liebermann Bendix, gab es verwandtschaftliche Beziehungen untereinander, aber auch zu den jüdischen Familien Reichenheim, Landsberger und Dahlheim sowie den Hallers und Rathenaus, die in unterschiedlichen Professionen Handel und Gewerbe betrieben und in Industrie, Wissenschaft und Politik führende ›Köpfe‹ hervorbrachten.[2] Eine Serie von Hochzeiten zwischen Halbgeschwistern sowie Schwestern einer Familie mit Brüdern einer anderen Familie gehörten alsbald zur Heiratspolitik. Das war gut für Geschäft, Bekanntheit und Reichtum. In der Vielseitigkeit der Familie lag ihre Stärke.

Als Martha nah des Berliner Schlosses das Licht der Welt erblickte, garantierte ein ausgeprägter Familien- und Geschäftssinn dem 1815 in Märkisch Friedland geborenen Heinrich Benjamin Marckwald bescheidenen Wohlstand. Seit dem 8. Januar 1851 war er mit Ottilie Pringsheim verehelicht. Durch preußisch-jüdische Disziplin konnte er bis zu seinem Tod im Jahr 1870 – er starb einen Tag nach seinem 55. Geburtstag – in Berlin sein Vermögen als Wollfabrikant erheblich steigern, denn nur von Luft und Liebe sollten die hinterlassenen fünf Kinder und die Witwe Ottilie nicht leben. Allerdings durfte die Witwe das Erbe Marckwalds für die minderjährigen Kinder nicht verwalten. So nahm der vermögende Garn- und Kattunfabrikant Louis Liebermann, Mäzen und Stadtverordneter, Vater von Max Liebermann, Martha und die übrigen Geschwister als Mündel auf. Glück und Unglück lagen nah beieinander. Martha war zwölfjährig, als sie unter Vormundschaft kam, denn der Vater war sechs Wochen vor ihrem dreizehnten Geburtstag gestorben.

Heinrich Benjamin war der jüngste Spross des Benjamin Joachim Marckwald. 1831 zog es den sechzehnjährigen Vollwaisen nach Berlin, was am 6. März 1843 auf dem Königlichen Polizeipräsidium protokolliert worden war. In der neuen Heimat erhielten er und seine Brüder Staatsbürgerrechte, die in Preußen den Juden erst seit 1812 gewährt wurden. Heinrich Benjamin leistete den Bürgereid getreu dem legendären Ritual am 10. April 1843 zugleich mit Louis Liebermann, der mit Eltern und Brüdern in Berlin ansässig war, und zwar seit 1825. Der junge Kaufmann Marckwald führte mit einem seiner Brüder, Naumann Benjamin Marckwald, Unter den Linden 35 ein Berliner Wollhandelsunternehmen *FA. Joachim Marcus und Söhne*.

Martha war das vierte Kind der Ottilie Marckwald, geborene Pringsheim. Obgleich die mütterlichen

Großeltern Marthas, Eva, geborene Kempner und der Gutsbesitzers Emanuel Pringsheim aus Oppeln, mit der Frau von Thomas Mann, Katia, geborene Pringsheim, und der Frauenrechtlerin Hedwig Dohm verwandt waren, war dennoch das Verhältnis in der Realität nicht ausgeprägt. Aber Dohms schriftstellerisches und schaffendes Wirken für Berliner Schauspielhäuser, ihr Bemühen um das Frauenwahlrecht sowie der Aufschrei gegen eine von Männern dominierte Welt, mündeten in Marthas schönen Träumen vom Leben und der Liebe.[3]

Ottilie Marckwald spendete für die jüdische Gemeinde, engagierte sich für weitere Organisationen und unterstützte materiell die vor Pogromen geflohenen russischen Juden. Sie unterhielt eine wohltätige Stiftung auf den Namen ihres 1866 verstorbenen Vaters, die *Emanuel Pringsheimsche Familienstiftung – Breslau*, die am 22. November 1939 auf staatliche Weisung von der *Reichsvereinigung der Juden* vereinnahmt wurde.

Durch ihren hochgeschätzten Vormund Louis Liebermann, Sohn des Königlichen Kommerzienrates Joseph Liebermann, lernte Martha den großen Kreis ihrer potentiellen Tanten, Onkel, Cousinen und Cousins kennen. Immerhin war Joseph mit seiner Frau Marianne Callenbach von zehn eigenen begabten Kindern umgeben. Standesgemäß waren die begüterten Damen in erster Linie Jüdinnen, die Familienehre und Tradition weitertrugen. Zu nennen sind: Anna Liebermann, verheiratet mit ihrem Cousin Martin Liebermann, Therese Rathenau-Liebermann und Antonie Amalie Liebermann sowie Else Preuß, Frau des Staatsrechtlers Hugo Preuß, der Urheber des ersten Entwurfs der Weimarer Reichsverfassung, der einschlägige Debatten auf bundesrepublikanischer und sogar europäischer Ebene in vielerlei Hinsicht vorweggenommen hat.

Die Kunstwelt war stets ein Bindeglied, auch zu den verwandten Frauen Rosa Cäcilie Herz-Marckwald und Agnes Simon-Reichenheim, Frau von James Henry Simon, sowie zur Bakteriologin Lydia Rabinowitsch, der als zweiter Frau in Preußen und als erster in Berlin der Professorentitel verliehen wurde. Die Triebkräfte und Widersprüche der jüdischen Emanzipationsbewegung beeinflussten das Leben der Frauen, die keinesfalls nur Anhängsel der Männer waren. Auch Martha, deren Rolle an Liebermanns Seite weithin unterschätzt worden ist, war längst nicht nur die Gefährtin ihres Mannes.

Neben den Frauen waren Männer der Liebermann-Marckwald-Seite Impulsgeber gesellschaftlicher Transformationsprozesse. Nur zwei seien genannt: Einerseits Marthas Cousin, der renommierte Professor der Chemie Carl Theodor Liebermann, andererseits Marthas Onkel, der außerordentliche Professor für Botanik

Nathanael Pringsheim. Erstgenannter trug mit vorwiegend jüdischen Kollegen im späten 19. Jahrhundert auch mit einem Blick nach Frankreich stark zur florierenden Entwicklung der Organischen Chemie bei. Und um bei Liebermann in Chemie Vorlesungen zu hören, kam extra Fritz Haber 1891 nach Berlin. In Habers Leben und Werk spiegelten sich auch Ambivalenzen und Katastrophen seiner Zeit wider. Schnell wurde in Marthas Familie bekannt, dass der spätere Nobelpreisträger im Ersten Weltkrieg Organisator deutscher Giftgasangriffe war und damit auch das Scheitern von Juden in der akademischen Welt verkörperte.

Anders und optimistischer verhielt es sich beim Zweitgenannten, ihrem Onkel Nathanael Pringsheim, Biologe und Mäzen, Ordentliches Mitglied der *Akademie der Wissenschaften Berlin-Brandenburg*, Direktor des Botanischen Gartens und einer der Gründungsmitglieder der *Berliner Gesellschaft für Anthropologie, Ethnologie und Urgeschichte*. Martha bewunderte die umfassende Weltsicht des Onkels, die auch seiner Erforschung der Meere und Meeresschätze geschuldet war. Seine Unterstützung für Kinderheilstätten war für ihn selbstverständlich.

Marthas Vormund, der Industrielle Louis Liebermann, unterstützte als gläubiger Jude unter anderem die Armen- und Waisenfürsorge sowie die Altersversorgungsanstalt, in der Arme unentgeltlich betreut wurden. Mit seiner Frau Pine [Philippine], geborene Haller, erzog Liebermann neben Max drei weitere Kinder: Anna, Georg und Felix so, dass sie dem Judentum treu blieben. In diesem Sinn absolvierten die Marckwald-Töchter den Besuch einer Höheren Mädchenschule. Von der jüdisch-kulturellen Bildung hing vieles ab, wobei ›vieles‹ politisches Bewusstsein und das Überleben der Juden ›als Juden‹ bedeutete.

Max Liebermann, Porträt einer Leserin [Martha Liebermann]

1880, es waren noch vier Jahre bis zu Marthas Heirat, zog die Witwe Ottilie Pringsheim in die Tiergartenstraße 2 nah zu ihrem Verwandtenkreis. Das Berliner Haus gehörte der Familie des Geheimen Medicinal-Raths Ludwig Traube, erster Zivillehrer an militärärztlichen Bildungsanstalten, Ordinarius an der Berliner *Charité* und leitender Arzt der Inneren Abteilung am *Jüdischen Krankenhaus*, und seiner Frau Cora Marckwald. In der Nr. 2a wohnten Amalie Marckwald mit dem Hofjuwelier Hermann Marckwald, der nur allzu oft als Marthas Vater gesehen wurde, in Wirklichkeit jedoch mit seinem Zwillingsbruder Philipp Halbgeschwister von Liebermanns Mutter Pine waren. Stolz war Martha auf die inneren Familienbande. Und sie feierte sogar in Anwesenheit Max Liebermanns 1880 die Hochzeit von Felice Marckwald, einer Tochter des Hermann Marckwald, Teilhaber der Juwelierfirma *Haller u. Rathenau*. Sie alle waren »Hoflieferanten Ihrer Majestät der Königin, Hofjuweliere [...] der Niederlande, Königl. Hoheit, Juwelen, Gold- und Silberwarenhdlr. und Fabrikanten [...] und Inhaber eines Magazins [...] alter und neuer Kunst, Unter den Linden 34«.

Das Juweliergeschäft erweiterte sich und belieferte das schwedische Königshaus. Zum Vermögenszuwachs trug ihr Bankgeschäft Unter den Linden 24 bei.

In der Nähe standen die Königlichen Antiquariate des Emanuel Mai und Söhne, durch die man spazieren gehen konnte wie durch eine versunkene Welt. Die vereinte Familie, die mit den Liebermanns und den Marckwalds verwandtschaftlich verwoben war, war in der dunkelsten Zeit in alle Himmelsrichtungen zerstreut.

Unweit entfernt, in der Tiergartenstraße 4, befand sich eine Villa, die Schauplatz der Erinnerung des Grauens und Schreckens wurde. Ehemals gehörte sie Georg Liebermann, Marthas späterem Schwager.[4] Die Nationalsozialisten machten die Villa zur Tatortzentrale »Aktion T4«. Dort lief die Planung für die NS-Euthanasie-Programme ab, sowohl die zentral geplanten Deportationen in die Vernichtungsanstalten als auch die dezentral und anstaltsintern durchgeführten Tötungen in »Kinderfachabteilungen« und für weitere Liquidierungen.

Zur familiären Wirklichkeit zählt der Jurist Robert W.M. Kempner, Stellvertretender US-Ankläger und Hauptankläger im Nürnberger »Wilhelmstraßen-Prozess«. Kempners Kriegsdokumentation und seine Anklage im Kriegsverbrecherprozess beinhalten alle Stufen der Entrechtung und Verfolgung, die nach 1933 ebenso Martha als »schlimme Dinge passiert [sind]«.

Spätestens mit dem Beginn des Zweiten Weltkriegs verschwand diese Welt – Berlin – die famose, lebensfrohe jüdische Stadt. Theodor Zondek, ein Verwandter der Liebermanns, berichtet in seinen Erinnerungen: »Als ich nach dem Krieg noch einmal zur Tiergartenstraße ging, waren nur noch Ruinen zu sehen [...] Die ganze Gegend war menschenleer, und es schien, als ob eine ganze Kulturepoche versunken wäre, zusammen mit den Menschen, die dazu gehört hatten.«

Geschichten und Bilder

Marthas Leben steckt voller Geschichten: Angefangen mit den Biografien der Großeltern über eine Kindheitsgeschichte des späteren Ehemanns bis zu einer Ehe- und Schenkungsgeschichte. Überliefert ist, dass Marthas Großvater Benjamin Joachim Marckwald in seinem Testament 1828 in seiner Vaterstadt über ein Legat für den Neubau einer baufälligen Synagoge verfügte. Von der Großmutter Henriette ging die schmeichelnde Geschichte aus, dass Martha deren Schönheit geerbt haben soll. Aus dem Geschlecht der Perez stammend, war sie durch ihre bis 1492 in Portugal und Spanien ansässigen Vorfahren sephardischer Herkunft. Sie hatte wie Martha wundervolle dunkle Augen und schwarzes Haar und hatte den Ruf, die »schönste Frau der Welt« zu sein. Marthas Großcousin Walther Rathenau, Politiker und Außenminister, dessen Tod nach einem abscheulichen antisemitischen Attentat Martha und Familie tief erschütterten und entsetzten, griff mit Fug und Recht die Geschichte auf und beschrieb Martha als eine »der schönsten Frauen des jugendlich gewordenen Berlins«.
Kolportierte Geschichten zum Großvater Joseph, der durch den Kauf schlesischer Eisenhütten angesehen und vermögend war, gab Max Liebermann selbst zum Besten. So »habe [er, Joseph Liebermann,] die ›Eng-

länder‹ vom Kontinent verjagt« und als preußisch-jüdischer Kattunfabrikant für soldatische Uniformen gesorgt. Eine private Synagoge ließ er im Hinterhaus seines Wohnhauses in der Spandauer Straße 30 erbauen. In Charlottenburg am »Knie« besaß er ein stilvolles Landhaus mit »großem Garten bis an die Spree«. Und »der alte Herr [stach] die Spargel mit eigener Hand«. Immerhin wurde Spargel Marthas Lieblingsgericht.

Eine grandiose Kindheitsgeschichte wird Martha über den Knaben Max von seiner Mutter Pine Liebermann gehört haben, denn gerade die mütterliche Linie repräsentierte ein erfolgreiches jüdisches Stadtpatriziat und begründete den Zusammenschluss der Familien. 1859 ließ sich die 38-Jährige malen, als die kleine Martha noch nicht einmal drei Jahre alt war. Damals machte der dreizehnjährige Sohn Max, mit lockigem Haar hübsch anzusehen, seine als äußerst begabt eingeschätzten Zeichenanfänge und es wurde von der Urteilenden des Geschehens bekundet, der Malerin Antonie Volkmar, »der Junge wird einmal Maler«.

Marthas kindliches Interesse galt sicherlich statt der Malgeschichte eher dem Spielen mit ihren Geschwistern Charlotte, Elsbeth und Benno Heinrich, denn Margarethe Ottilie war noch nicht auf der Welt. Trotzdem wird Martha diese Glücksgeschichte über die Porträtierte zuerst gehört haben, denn in der Figur der Pine bündeln sich die Geschichten bedeutender Verwandter. Weitblickend und einfühlsam mit Bezug auf Volkmars entstehendes Gemälde »Abschied der Auswanderer«, das ein Fischerboot mit Abschied nehmenden Frauen, Männern und Kindern mehrerer Generationen zeigt, wird Pine erzählt haben. Es gehörte auch zu Marthas Traditionslinie, das Meer als Bild für Schönheit, Freiheit und grenzenlose Liebe zu sehen. In der NS-Zeit ist Volkmars Bildgeschichte mit ungewissem Ausgang vielen widerfahren. Das Meer wurde als Rettungsanker zur bitteren Realität.

Eine kleine Liebes- und Ehegeschichte ist mit Blick auf das Sommerhaus am Wannsee in Nachbarschaft zu Ferdinand Sauerbruch überliefert. Sie bezeugt, wie »abgöttisch« Martha ihren Mann verehrte, »der ihr alles bedeutete, was sie auf Erden liebte«. Es war im Sommer 1931. Ihr Mann litt schwer an einem Leistenbruch. Martha bat weinend und völlig verzweifelt Sauerbruch um Hilfe. Der Arzt, der »niemals wieder eine so gute Ehe gesehen hat«, beruhigte die zitternde und fragende Martha zur Gefahr des Ablebens ihres Mannes mit den Worten »ihr Mann werde nicht sterben«. Max kam in die Charité und skizzierte zunächst die »Visage« Sauerbruchs, bevor sich der Erkrankte für die mittelalterliche unblutige Behandlung seines Leistenbruchs entschied: kopfüber an den Beinen auf-

gehängt zu werden, damit »det alles von alleene wieder [rinrutscht]«. Nunmehr war selbst Sauerbruch unruhig, denn Liebermann war über achtzig Jahre alt. Das riskante Unterfangen war jedoch glücklich verlaufen. Allerdings gab es einige Tage später erneute Ängste und schluchzende Szenen, da Martha nicht mitbekommen hatte, wie Sauerbruch Max wieder vor seiner Haustür absetzte. Besorgt fand Martha ihren Max schließlich nur mit Sauerbruchs Hilfe, und zwar im Atelier. Martha war erlöst und sehr dankbar. Das fertige Gemälde »Der Chirurg« (1932) mit dem schmerzlichen wie schönen Hintergrund hatte eine eigene Geschichte. Sauerbruch bekam eine Skizze.
Selbstverständlich gab es die Tradition der Geschenke in allen drei Generation, die schon in der jungen Metropole Berlin lebten. Der Großvater Joseph hatte als Textilfabrikant und Maschinenhersteller großen wirtschaftlichen Erfolg und ließ Arme und Synagogen an dem enormen Familienaufschwung teilhaben.
So stiftete er beispielsweise mit seiner Frau für die Alte Synagoge in der Heidereutergasse ein Leuchterpaar. Einen Vorhang für den Toraschrein mit hebräischer Inschrift, der heute im Centrum Judaicum aufbewahrt wird, schenkten die Eltern: »Krone der Tora. Dies stifteten Louis Liebermann und seine Frau Philippine geborene Haller«. 1933 schenkte Sohn Max zur Eröffnung des *Jüdischen Museums* sein zuvor

erstelltes Bildnis. Das Gemälde ist gewissermaßen ein Gesellschaftsporträt und markiert das Ende einer Ära, die mit der Gründung des Deutschen Reiches 1871 begann und mit dem Untergang der Weimarer Republik zu Ende ging.[5] Max und Martha spendeten für Stiftungen, vorrangig für die eigene *Max Liebermann Stiftung* für Künstler. Erinnerungskulturell verheißen bereits diese Geschenke und Überlieferungen: »Was vom Leben übrig bleibt, sind Bilder und Geschichten«.[6]

Sozialisation, Ehe und Familie – preußisch-jüdisches Liebesglück

Bedingt durch Marthas familiäres Umfeld, betrat die junge unvermählte Frau, erfüllt von Leidenschaft und Erwartung, nur in Begleitung das Parkett des Bildungsbürgertums. Mutter und Tochter waren kunstaffin, jedoch keine Kunstschaffenden oder Frauenrechtlerinnen. Sie standen auch keinem literarischen Salon vor, wie etwa Marthas Jugendfreundin, die Schriftstellerin Auguste Hauschner, mit der sie »ein Herz und eine Seele« war. Im Salon verkehrten unter anderem Hauschners Cousin Fritz Mauthner, Schriftsteller und Sprachphilosoph, Ida Dehmel, Maximilian Harden, Martin Buber, Hedwig Dohm sowie der

Schriftsteller Gustav Landauer, der gelegentlich vor Damen philosophische und literarische Vorträge hielt. Mautner war Martha jahrelang nahestehend. Viele Gäste engagierten sich für die Gleichberechtigung von Frauen und die gesellschaftliche Gleichstellung von Juden.

Was allerdings die Einstellung zu Frauen betraf, war man im Haus der Liebermanns weniger fortschrittlich. Traditionell kümmerte sich das hoch geachtete Familienoberhaupt Louis, neben vielen wohltätigen Unterstützungen und Stiftungen, weithin ohne Unterschied der Konfession, dass die hübschen Marckwald-Töchter bald ›unter die Haube‹ kamen. Er war sogar Stiftungsgründer zur Begründung einer wirtschaftlichen Existenz. Später diente die *L[o]uis und Philippine Liebermann Stiftung* auch der Aussteuer bei Verheiratung, jedoch vornehmlich für diejenigen, die sich nicht über ein Erbe erfreuen konnten.

Seiner Verpflichtung folgend, wurde 1872 die erstgeborene Charlotte dem Bankier und späteren Geheimen Kommerzienrat Ludwig Max Goldberger angetraut. Zwei Monate nach der Hochzeitsreise starb die junge Frau unerwartet an Typhus. Der Verlust traf Martha sehr. Am 13. November 1873 heiratete Marthas ältere Schwester Elsbeth Louis' Sohn Georg Liebermann. Wie der Vater war der Sohn Fabrikant und von Januar 1892 bis 1919 Stadtverordneter. Aus vielen guten Gründen wurde nun auch Max angehalten, zu heiraten, und zwar Martha. Bei den beiden dauerte es jedoch noch über zehn Jahre. Setzte sich in Max' Kopf etwa Fontanes Ausspruch fest »Heiraten is gut, aber nichtheiraten is noch besser«? Es war kein leichtes Unterfangen für die Eltern Louis und Pine. Angesichts der preußischen Strenge des Denkens, deren Pflicht und Streben, schafften es die Familien doch, sich 1884 durch einen weiteren Ehevertrag zu vereinen.

Eine Überlieferung von Max Osborn besagt, dass der schwärmerische Max täglich mit funkelnden Augen auf der Brunnenpromenade in Bad Kissingen dem wunderschönen Fräulein Marckwald einen Strauß Blumen überreichte. Max' Liebeserklärungen in dem prominenten Kurort, wo in den Jahren zuvor viele Marckwalds flanierten und kurten, befeuerten Marthas Gefühle. Von einem sicheren Vermögen des Ernährers konnte Martha ausgehen, wohingegen seine Malerei noch umstritten war. Ohnehin war längst ein Ehe-Arrangement getroffen worden und so gaben sich das Paar Martha und Max Martin am 14. September desselben Jahres im Standesamt Berlin-Tiergarten das Ja-Wort. Der Eheintrag vermerkte ›mosaisch‹ und der Doppelname »Max Martin« stand bereits in den Geburtsregistern, die das Königliche Polizeipräsidium Berlin des Jahres 1847 für jüdische »Glaubens-Genossen« führte.[7]

Familien-Nachrichten.

Die Verlobung meiner Tochter **Martha** mit Herrn **Max Liebermann** beehre ich mich, ergebenst anzuzeigen.

Berlin, im Mai 1884.

Ottilie Marckwald,
geb. Pringsheim.

**Martha Marckwald,
Max Liebermann,**
Verlobte.

Bekanntgabe der Verlobung, 20. Mai 1884

Martha Marckwald als Braut

Die Hochzeitsreise mit der Besichtigung einiger Rembrandts im *Herzog-Anton-Ulrich-Museum* in Braunschweig und die Fortsetzung mit dem Malerehepaar Jozef Israëls durch Laren, war ein nachhaltiges Erlebnis für die frisch angetraute Martha. Diesmal bemerkte die Malerin Wally Moes Marthas besagte Schönheit. Sorgfältig war Marthas schwarzes Haar nach hinten gekämmt und zu einem Knoten zusammengesteckt. Ihre Kleidung war auffallend elegant. Die Vermählten verbrachten noch einige Wochen in Haarlem und Amsterdam. Wieder in Berlin wohnte die gerade achtundzwanzigjährig gewordene Martha mit ihrem zehn Jahre älteren Ehemann »In den Zelten« gegenüber dem Haus der jüdischen Eheleute und Kunstsammler Felice Leonore und Carl Bernstein, dessen Cousin Charles Ephrussi Herausgeber der *Gazette des Beaux-Arts* in Paris war.

Max Liebermann als Fünfundzwanzigjähriger in Weimar, 1872

Woldemar von Seidlitz, der als Vortragender Rat im Generaldirektorium der *Königlichen Sammlungen für Wissenschaft und Kunst* nach Dresden berufen war, vermittelte die Bekanntschaft zu den Bernsteins. In den Mittwochabendgesellschaften des Paares trafen die Liebermanns Verwandte und auch Wilhelm von Bode und Hugo von Tschudi.

Martha besuchte Museen und Konzerte, was Austausch, Anregung und Ansporn gleichermaßen war. Sie war geschätzt und pflegte, wie ihr Mann, Kontakte zu Käthe Kollwitz, Lotte Laserstein und der Pianistin Grete Sultan. Mit Paul Cassirers Frau, Theaterstar Tilla Durieux, konnte sie allerdings kein herzliches Verhältnis aufbauen. Als sich Cassirer aus Liebeskummer wegen der Trennung seiner Frau erschoss, war Martha auf seiner Beerdigung. Der Kontakt wurde weiter mit Bruno Cassirer gepflegt.

Grenzenloses Liebesglück hatte das Ehepaar durch die Geburt ihres Kindes Käthe am 19. August 1885 in der Frauenklinik der Berliner *Charité* in der Schumannstraße gewonnen. Der vollständige Namen des Kindes lautet: Katharina Marianne Henriette Liebermann.[8] Die letzteren Vornamen stammen von den Großmüttern.

Dass die Geburt Martha fast das Leben kostete, schrieb der glückliche Vater an seinen alten Maler-Lehrer Karl Steffeck, dem sogenannten Pferde-

Steffeck: »ich habe die letzten Wochen überhaupt nicht gelebt: nach drei Tagen und ebenso vielen Nächten, unter unglaublichen Schmerzen, mit Hilfe von riesigen Quantitäten von Chloroform und mit Zange geholt, kam endlich die Kleine.«[9]
Vieles scheint dem Mädchen in die Wiege gelegt worden zu sein, Klugheit und Selbstbewusstheit allemal. Martha fuhr 1886 mit der Kleinen zur Kur nach Bad Homburg vor der Höhe und reiste weiterhin mit ihr oft allein. Immer mal wieder weilte die Familie im Sehnsuchtsland Italien, wo Verwandte Marthas lebten, oder direkt in Rom.[10] Schließlich war Italien das Land der Renaissance-Malerei. Skizzierte Motive von Mutter und Tochter in ihren geduldigen Posen entstanden dort und waren wertvolle Ergänzungen zu Liebermanns repräsentativen Bildnissen seiner Frau und Tochter. Nach einer Italien- und Österreichreise bewohnte die Familie seit 1888 die erste Etage einer Villa in der Bendlerstraße 9. Der Familienvater firmierte als Landschaftsmaler und avancierte zum Porträtisten der einflussreichen Gesellschaft. In der Bendlerstraße 10 wohnte Marthas Schwager, Dr. phil. Felix Liebermann, Mediävist, Mäzen und Unterstützer russischer Pogromflüchtlinge, verheiratet mit Cäcilie geborene Lachmann, die mit der Familie Mosse verwandt war. Ihr Vater Salomon Lachmann war obendrein Eigentümer des Hauses Tiergartenstraße 3. Der

Max Liebermann, Martha mit Käthe, um 1887/88

Max Liebermann, Martha und Tochter beim Briefeschreiben, 1897

Historiker George L. Mosse war ihr Großneffe. 1925 wurde Max' geliebter Bruder Felix, den er zwei Jahrzehnte vor seiner Ehe malte, nah an seinem Wohnort überfahren. Die intensive Verbindung zur Schwägerin Cäcilie, die das Bildnis »Felix Liebermann« lange Zeit im Besitz hatte, bis es in den 1950er Jahren in der Galerie Wolfgang Gurlitt auftauchte, blieb bestehen. Martha nannte sie liebevoll Lilly mitunter auch Cilly. Sie war tief traurig, erst den Schwager und im ›Dritten Reich‹ die Schwägerin verloren zu haben.

Erinnerungsorte – Gedächtnislandschaft

Wenn Martha Liebermann durch die Heimatstadt wandelte, dachte sie bestimmt an die jüngere Verwandte Clara Luise Hoeniger, deren Liebe auf ihren 19 Jahre älteren Cousin Johann Hoeniger traf. Hoeniger erklomm mit der Berufung zum Architekten und Baumeister der Jüdischen Gemeinde Berlin eine hohe Stufe. Seine Kultur und Identität prägten das Stadtbild und waren für Martha wie ein Fenster zur Seele. Noch heute ist vom ›Geist der Steine‹ etwas übrig geblieben. Es waren und sind authentische Orte der Erinnerung, Wahrzeichen oder Mahnmale, nicht nur die Synagogen in der Rykestraße und in der Levetzowstraße, an deren Planung Hoeniger noch beteiligt war. Ab 1. Oktober 1941 wurde letztgenannte Synagoge zum Sammellager. Hoeniger schuf auch Bauwerke der Bildung.[11] Monumental und kraftvoll waren die prestigeträchtigen Entwürfe, die er durch Denkmale, der Verbindung des Lebens mit der Tradition, über Generationen hinweg umsetzte. Die universelle Lesbarkeit der jüdischen Architektur und Identität passte wie eine Chiffre. Martha verstand es als Berlinerin mit den sympathisierenden Blicken der Familie und dem kritischen Geist zu gedenken. Sie schöpfte Zuversicht aus der architektonischen Synthese von Kunst und Kultur, aus dem bewahrten Bild deutsch-jüdischen Lebens.

Beim »Judenboykott« am 1. April 1933 kam es deutschlandweit zur Zerstörung. Judenhass stand im Gegensatz zum Schöpfertum. 1938 nahm Martha als Witwe die politische Atmosphäre, die vor Rachsucht glühte, wahr. Mit wachen Augen war sie Zeugin der »Kristallnacht«, der demütigenden Schikanen an Juden und der brennenden und geschändeten Synagogen. Das Entsetzen ging weiter. Von der menschenverachtenden »Fabrikaktion« und dem Geschehen in der Rosenstraße konnte sich Martha kein Bild mehr machen. Längst war Hoeniger in Berlin verstorben, auch Marthas verzauberter Blick auf die Synagogen war versunken. Diese Geschichte des jüdischen Kulturerbes Hoenigers, der ein Verwandter von

Martha Liebermann ist, hat sich niemand träumen lassen.
Sie steht im Widerspruch zwischen Popularität und tendenziellem Vergessen.

**Genius loci.
Das Haus und die Dame am Pariser Platz**

Im Mai 1892 erkrankte Marthas Schwiegermutter. Max und dessen Schwester Anna brachten die Mutter den Sommer über nach Wannsee, jedoch erholte sich Pine nicht mehr und starb 73-jährig. Die Familie zog 1893 in das Elternhaus ein, um dem in schmerzlicher Trauer versunkenen Vater Beistand zu leisten.
Am 29. April 1894 starb Louis Liebermann. Max und Martha waren tieftraurig. Der heute vor 200 Jahren geborene Jubilar Louis spielte eine eminente Rolle in Familie und Gesellschaft. Als sichtbares Zeichen seines Reichtums kaufte er bereits im Geburtsjahr Marthas am 10. Mai 1857 das Stüler-Palais am Brandenburger Tor.
Durch den Tod des Vaters und Schwiegervaters vor 125 Jahren wurde Marthas Gatte Miterbe eines Millionenvermögens und Eigentümer des Palais am Pariser Platz 7. Max und Marthas Wirken am Pariser Platz bleibt ein faszinierendes Thema. Liebermann

Max Liebermann, Seinen Eltern zur Goldenen Hochzeit, 1891

war mittlerweile führend in der Künstlergruppe der XI in Berlin. Trotz Skandalen und Mythen freute sich Martha über Max' öffentliches Ausstellungswirken. Nur einen Steinwurf entfernt, wo heute das »Adlon« steht, erlebte Martha die Grundsteinlegung der Berliner Moderne.

Die zarte, leise Martha war die ›grande dame‹ am Pariser Platz, die viele begeisterte. Bei Empfängen mit Familienmitgliedern und ca. 150 Gästen schlug die leiden-

Martha Liebermann, Die Gattin des Künstlers auf dem Balkon, 1892

schaftliche Berlinerin jeden in ihren Bann, auch diejenigen, die noch später zu Prominenz gelangt sind, aber schon jetzt die Bühne des Lebens beanspruchten. Genius loci – die Welt des deutsch-jüdischen Weltbürgertums traf sich. Thomas Mann sagte 1927: »In Liebermann bewundere ich Berlin«. Als Repräsentanten des Judentums hauchten Martha und ihr Gatte über vierzig Jahre lang dem Palais »deutsch-jüdischen Geist« ein. Frau Liebermanns Gegenwart als Gastgeberin war gefragt und beliebt, sie stand »in der Mitte« der Gesellschaft. Der preußische Ministerpräsident Otto Braun erinnerte sich an seine Besuche bei Liebermann: »Ich mußte stets zu Tisch bei ihm bleiben, wo freilich Frau Liebermann die Kosten der Unterhaltung trug. Eine angenehme Frau, die mit ihrer ruhigen Ausgeglichenheit ihren beweglichen Gatten prächtig ergänzte.«[12] Es war nicht nur Marthas gesellschaftliche Höflichkeit, es war ihre Individualität, die sie behaupten wollte.

Ihr Ethos musste sie nicht neu ausrichten für die Seder-Abende, Hochzeiten und für die großen Wohltätigkeitsbasare, die einen besonders reichen Ertrag zur Unterstützung der Armen abwarfen. Martha bestimmte diesen Lebensraum auch mit einer bescheidenen Eleganz und besonnener Einfühlung. Emil und Walther Rathenau, Theodor Fontane, Wilhelm von Bode, Hermann Cohen, Richard Strauss, Rudolf Virchow, James Israel, Reichspräsident Hindenburg und etliche weitere Geistesgrößen der Zeit ließen sich von ihrem Gatten porträtieren. Fontane, Schriftsteller und Theaterkritiker, gleichaltrig mit Louis Liebermann, charakterisierte Marthas Mann am 19. März 1896 in einem Brief an seine Tochter: »Ich gehe […] unruhigen Tagen entgegen. Sitzungstage, Maltage. Ich freue mich aber drauf, einmal weil es nun doch endlich mal ein richtiger Maler ist, dem ich in die Hände falle, dann weil Liebermann ein ebenso liebenswürdiger wie kluger Mann ist.«

Die Einschätzung »richtiger Maler« ist bemerkenswert, denn in Fontanes epischer Welt nehmen Juden mitunter keinen guten Platz ein.

Zum öffentlichen Bild des »liebenswürdigen wie klugen Mannes« trugen Marthas Urteile über die Kunst bei, die keinesfalls demütig, sondern emotional, offen und nachdrücklich waren. Der Künstler war meist höchst erfreut über die urteilsstarke Haltung seiner modernen Frau. Gelegentlich mitschwingende Empfindlichkeiten über die Kritik, die der Liebermann-Biograf Julius Elias ungerührt festhielt, bestärkten Marthas Autorität und inspirierten sie reizvoll. Mit Elias und seiner Ehefrau Julie, Modejournalistin und Schriftstellerin, verband Martha eine Familienfreundschaft. Mit Charme hielten beide die Herrenwelt in Bann; mit praktischen Taten konnten die Frauen ausgleichen, wenn es Unstimmigkeiten zwischen den Männern gab: Mit Kochkünsten nämlich, die die Damen als Ausdruck von Liebe werteten.[13]

1904 erkrankte Martha Liebermann an Brustkrebs. Der befreundete James Israel, Chefarzt des *Jüdischen Krankenhauses*, operierte Martha erfolgreich und die Familie hielt sich im Juli Wochen in Pontresina auf. Durchweg waren die Jahre ab 1902 durch den Tod von Marthas Mutter überschattet.[14]

Max Liebermann, Käthe lesend mit Dackel, den Liebermann um 1900 geschenkt bekommen hat, Pastell um 1901

Martha komplettierte durch bedachte Familiarität, die für sie unverzichtbar war und die zugleich auf Freunde und Kreative der Stadt ausstrahlte, ihr Lebensbild. Sie schätzte Persönlichkeiten wie Heinrich Stahl und Wilhelm Hausenstein, korrespondierte mit Tschudi sowie den Ehepaaren Elias und Dehmel. Nicht nur verehrt von Martha, sondern auch von Thomas Mann, war Richard Dehmel, der erst 1901 in London Ida Auerbach, geborene Koblenz, zur Frau nahm. Dehmel war einer der bekanntesten Lyriker vor dem Ersten Weltkrieg.

Engagiert und humorvoll resümierte Martha 1908 in einem Brief an Tschudi: »Verehrter Herr von Tschudi, [...] daß es so schön kommen würde haben wir doch kaum gedacht! Ganz Berlin freut sich, und die paar Neidhammel und Intriganten müssen wenigstens so tun, was auch ganz ergötzlich anzusehen ist [...] herzliche Grüße von Ihrer Ihnen aufrichtig ergebenen Martha Liebermann.«[15]

Die Familie befasste sich nun intensiv mit der Errichtung eines komfortablen Sommerwohnsitzes. Martha und Käthe tauschten sich zum Villenbau mit Garten am Wannsee 1909 mit Alfred Lichtwark aus, Direktor der Kunsthalle Hamburg und Kunstkoryphäe. Vereint gestalteten sie den Garten zum »Schloss am See« als individuellen Kosmos aus – die Ästhetik hatte ihre Ethik. Zum Anbau von Obst und Gemüse wurde ein weiteres Grundstück auf der Großen Seestraße gekauft, denn Martha achtete mit Leidenschaft sorglich auf die Gesundheit der Familie.

Martha Liebermann bewahrte nahezu keine an sie gerichteten Briefe und Familienbriefe auf. Die wenigen recherchierten Briefe, die Zeilen, die Martha vom Kopf über das Herz zu Papier brachte, geben Martha eine Stimme. 1909 schrieb sie aus Noordwijk an Ida, auch Isi genannt, und entschuldigte sich, dass sie »beide nicht am 11. [September] im Kleinen Theater sein [können]«.

Es ging um die Einladung zu Dehmels Aufführung »Der Mitmensch«. Martha drückte sehr ihr Bedauern aus, Ida nicht treffen zu können, weil »Mitte ›des Monats‹ ein […] Gedenktag [ist,] den wir gern hier verleben möchten. Der Gedenktag wird ein kommen und gehen […]. Es ist furchtbar schade, daß wir am 11ten nicht mit Ihnen zusammen beim ›Mitmensch‹ sein können! Sind Sie gegen den 20ten noch in Berlin? Sonst sehe ich Sie vielleicht in Hamburg wohin ich meinen Mann gern im Spätherbst begleiten möchte. – Dass Ihnen das Bildnis so gut gefällt ist eine Herzensfreude – das würde ich auch gern sehen.
Mit tausend guten Wünschen für den 11ten und vielen Grüßen von uns für Sie und dem verehrten Gatten herzlichst Ihre Martha Liebermann«[16]
Der »Gedenktag« war Marthas Fest der Silberhochzeit. »Herzensfreude« empfand sie über die gute Annahme des gemalten Bildes ihres Gatten, des Porträts des weltzugewandten Richard Dehmel.
Als dieser 1920 starb, schrieb Martha mitfühlende Zeilen an die Witwe, um Ausdruck zu geben, was sie bewegt: »[…] Fast noch mehr als den herrlichen Künstler beklage ich den großen und guten Menschen, der jedem den er begegnete von seinem Reichtum gab und, sicher ohne es zu wissen, so viele glücklicher und besser gemacht hat! […] In aufrichtiger Teilnahme Ihre Martha Liebermann«[17]

Das Reisen verband Martha auch mit Käthe. Doch dies war nur ein Teil. Ebenso verschlang Käthe die Literatur wie Martha, war ehrgeizig, sprach Französisch und Englisch und spielte Klavier. Hausgötter waren Goethe und Beethoven. Anknüpfend an eine Romreise der beiden Frauen, schrieb Liebermann einmal an den Kunsthistoriker Adolph Goldschmidt, dem es nur um eine Terminabstimmung ging: »als mari de Madame wage ich keine Entscheidung zu treffen.«[18] Offenkundig war Liebermann daran gelegen, die Macht seiner »Damen« und Martha als Kopf und Seele des Hauses herauszustellen, was auch zur Äußerung passt: »Was ich thun werde, weiß außer dem lieben Gott nur, die [die] alles weiß, meine Frau, die schon das Richtige bestimmen wird.«[19]

Ein gewisser Zauber ist spürbar. Martha, von Max auch als »Göttin« bezeichnet, wird das letzte Wort zugestanden. Auch Max konnte dem Charme von Martha nicht widerstehen.

Eine nahe und tiefe Freundschaft verband sie mit dem Kunsthistoriker Max Jacob Friedländer. Ebenso waren Martha und Max mit dem Breslauer Kunstsammler Max Silberberg, Mitgründer des Vereins Jüdisches Museum Breslau achtungsvoll und freundschaftlich verbunden. Martha schätzte Silberbergs Inspiration, Kunst- und Menschenkenntnis und so konstatierte der Gatte am 26. September 1921 in einem Brief: »[…] was kann für einen Künstler angenehmer sein, als zu wissen, dass seine Arbeiten in liebevollen Händen sind?«[20]

Jahre danach richtete Liebermann einen Brief an Hausenstein, in dem er seine neuere Arbeit und gleichzeitig Martha beschreibt: »Aber ein Meisterwerk ohne Einschränkung ist das Porträt meiner Frau: Das ist nicht Beobachtung, sondern Intuition, wie man mit wenigen Worten ihr Wesen dargestellt habe, ihre Güte, ihre ruhige Haltung, die wie ich gestehen muss, mich manchmal zu Verzweiflung bringt […]«. Liebermann erklärt sich weiter, »weil [er] fühlt, daß sie Recht hat […].« In den krisen- und kriegsgeschüttelten Jahren und angesichts des Umstandes, dass beide ab und zu erkrankten, später besonders Max, sind Briefe von ihrer und von seiner Hand vereint.[21]

Haus am Pariser Platz, 2004

Haus am Pariser Platz, 2019

Martha Liebermanns bürgerliches Engagement – deutsch-jüdisches Geistesleben und Berliner Geistesszene

Am Pariser Platz ist sich Martha Liebermann, die Vollkommenheit im klassischen Sinn und stets den Rückbezug zur Familientradition gesucht hat, im Poetischen wie Gesellschaftlichen lange treu geblieben. Ihr Engagement ist bislang aber ein wenig von Nebel umhüllt. Neue Ergebnisse sollen mehr Licht ins Dunkle bringen. Dabei ist sie keinesfalls nur als Ehefrau zu betrachten. Als selbstbewusste und kenntnisreiche Frau war sie wie ihre Schwägerin Cäcilie Mitglied im *Verein Berliner Künstlerinnen und Kunstfreundinnen* und im *Verein Freie Bühne*.[22] Marthas Liebe gehörte den schönen und darstellenden Künsten, in denen sie neben der Schönheit auch das Wahre und Gute sehnsüchtig zu finden erhoffte. Sie war der Kunst der *Max Reinhardt Bühnen* sehr zugetan, einschließlich der Bühne *Schall und Rauch*, Unter den Linden 44, die ins *Kleine Theater* überging. Gerhart Hauptmanns Stücke, wie das naturalistische Drama »Vor Sonnenaufgang«, dessen Uraufführung Martha besuchte, begeisterten sie. Sie sympathisierte mit dem Künstler, der ein enger Freund Rathenaus war, und war mit seiner jungen zweiten Frau, der Schauspielerin Margarete, privat verbunden. Theodor Wolff, Chefredakteur des *Berliner Tageblatt*, warnte später vor Hauptmanns nationalistisch gefärbten Gedanken.

Martha Liebermann lernte das Malerehepaar Sabine und Reinhold Lepsius sowie die Geschwister, die Malerin Mathilde Vollmoeller-Purrmann und den Fotografen Karl Vollmoeller, der auch Theaterautor war, kennen. Kontrastiert wurde das Geschehen durch die Figur des esoterischen Dichters Stefan George. Georges Haus war bevölkert von Generationen gelehrsamer Schüler, unter ihnen Claus Schenk Graf von Stauffenberg. Verschwörungen, Geheimbünde und anderes mehr werden dem 1933 verstorbenen George bis heute nachgesagt. Sein Charakter war für Martha rätselhaft, obgleich der ehrgeizige George mit Sabine Lepsius und seit 1892, trotz männerbündischem Umfeld, intensiv mit Ida verkehrte, die mit Dehmel kurz in einer ›Dreiecksbeziehung‹ lebte.[23]

Am *Deutschen Theater* kam Martha Liebermann in Kontakt mit Künstlern und schloss Bekanntschaft mit gastierenden Schauspielerinnen wie dem hochbegabten »Fräulein Louise Dumont«. Durch Dumont wurde Frau Liebermann auf die Lage vieler junger Künstlerinnen aufmerksam, die ihre Kostüme meist bezahlen mussten. Den Darstellerinnen fehlte es oftmals an Geld, was erotische Turbulenzen nicht ausschloss und schnell in die Verführung oder gar in den Sumpf der sexuellen Indienstnahme führte.

Dumont, deren Frauenrollen Freiheit und Selbstbestimmung widerspiegelten, ging nach Stuttgart und Düsseldorf und gründete in Gemeinschaft als GmbH das *Schauspielhaus Düsseldorf.* Als die Gründerin, die mit der *Deutschen Bühnenvereinigung* in Berlin zusammenarbeitete, einen Verein und eine Kleiderstelle für mittellose Schauspielerinnen ins Leben rief, unterstützte Martha mit Empathie den Gedanken und sorgte sich um die Theatergarderobe bedürftiger junger Künstlerinnen. Mit kritischer Aufmerksamkeit und sozialer Kompetenz stellte sie sich einer populär gewordenen Frage, nämlich zur Situation derjenigen Frauen, die als Randfiguren und Objekte männlicher Abhängigkeit als bestens konsumierbar fungieren sollten. Martha Liebermann wollte den Schieflagen und verhängnisvollen Affären, in die Künstlerinnen geraten konnten, und der bürgerlichen Doppelmoral etwas entgegensetzen, indem sie nicht nur Kleider schenkte und Mitglied wurde, sondern als Soforthilfe Geld spendete und damit ein Zeichen setzte. Sie schrieb einen warmherzigen Brief an Dumont:

»Berlin 10. Mai [18]99
Mein sehr verehrtes Fräulein,
Ich habe sehr bedauert Ihren liebenswürdigen Besuch verfehlt zu haben, und bitte Sie mich zu entschuldigen, wenn ich Ihre Zeilen erst heut[e] beantworte.

Eine Ihrer Karten ist soeben in den vollen Briefkasten gewandert, u. ich habe alles zusammengesucht was für den Kreis irgend brauchbar sein könnte. Die Prospekte sind leider spurlos bei uns verschwunden u. ich muss Sie daher bitten zu veranlassen, dass ich Mitglied werde. Nun ist aber der Jahresbeitrag [3 Mark, M.S.] so sehr gering, und was ich Ihnen an getragenen Sachen zur Verfügung stellen kann auch so unbedeutend, dass ich Sie bitte die inliegenden 100 M gnädigst in meinem Namen für Ihre Zwecke verwenden zu wollen.
Mit den besten Wünschen für das Gedeihen Ihrer guten Sache und herzlichen Grüßen für Sie
Ihre sehr ergebene Martha Liebermann.«[24]

So peripher diese Intention auch aussehen mag, es war in erster Linie Marthas Verständnis gesellschaftlich stigmatisierten Frauen Gerechtigkeit widerfahren zu lassen. Sie warb um Verständnis für ihre Schicksale. Die moralische Integrität als eine erste Lebensregel, das Bewusstsein der Verantwortung für die Gemeinschaft waren für Martha eine freie Selbstverständlichkeit. Freundinnen wie Auguste Hauschner, Johanna Arnold und Ida Dehmel unterstützten ebenfalls den Verein von Louise Dumont. Hauschner beantragte wie Martha im gleichen Jahr die Mitgliedschaft. Sie machte bekannt, dass der Verein ca. sechs Monate nach

Marthas solidarischer Spende so lebensfähig war, dass er gern auch Gesellschaftskleider kaufte.
Dumont warb weiter um Spenden. Der Kreis umfasste zudem Männer wie Karl Vollmoeller, Martin Buber und Walther Rathenau[25] oder die Schauspieler und Regisseure Hans Olden und Wilhelm Manfred Marckwald, Verwandte Marthas.
Besonders mitten in den Goldenen Zwanzigern, in der stabilen Phase der Weimarer Republik, hörte Martha Liebermann von einigem skandalverdächtigen Treiben auch am Pariser Platz. Swingende Musik, ein ausschweifendes Nachtleben, voller Sex und Drogen – die ganze schrille Palette des gesellschaftlichen Lebens – gehörten dazu. Das romantische Großstadtidyll war ein scheinbares. Unterwerfungsrituale und Exzesse waren Realität – ähnlich wie im »Babylon Berlin«.
Enthüllungen gab es zu Vollmoeller. Am Pariser Platz 6a hinter halb geschlossenen Rollläden führte er in seiner Fünf-Zimmer-Wohnung einen legendären Salon. Harry Graf Kessler, Diplomat und Kunstmäzen, dessen Name nun wirklich jedermann geläufig war, und der wie Max und Martha unbeirrter Humanist war, bezeichnete das Etablissement im Erdgeschoss schnell und scharf als »Harem am Pariser Platz«.
Martha kam Vollmoellers Reich durch seine Schwester Mathilde näher, verehelicht mit dem Maler Hans Purr-

mann, so fremd ihr wahrscheinlich die Person hinter dem charismatischen Image auch blieb. Nüchtern betrachtet, hatte Vollmoeller eine obsessive Neigung für junge Frauen und brachte als Hausherr und Lebemann teilweise ausufernde Erotik in ihre sehr jungen Leben. Ziel war das Betreten der Bühne des Lebens. Doch der Weg der jungen Künstlerinnen dahin führte nicht selten durch ein Schattenreich der Machtspiele. Als Vertrauter des Theaterdirektors Reinhardt und Berater bei Kinoproduktionen besaß er beachtlichen Einfluss, Schauspielerinnen zu Engagements zu verhelfen. Gewiss ließ sich Martha von Mathilde etwas über die brodelnde Stimmung im Foto-Atelier Vollmoellers erzählen. Mittels Aktfotografien gelang es ihm, Tänzerinnen, die ansonsten sowieso nur leichtbekleidet waren, auf den New Yorker Broadway, auf die Bühnen Amerikas und Paris zu bringen.

Gegenüber dem Rausch am Pariser Platz 6a ironisierte Marthas Mann seine eher konservative Frauen-Einstellung auch »gern« »als ›Haremsidee‹«.[26] Doch Kessler, was vielleicht seinem militärischen Rang geschuldet war, attestierte stets die tatsächliche Gesellschaftsfähigkeit von Max und Martha in jeglicher Beziehung.[27]

Während der Jahre gab es Äußerungen von Marthas Mann wie: »Ich habe so viele Menschen gesehen und fast alle vergessen. Ich habe sogar ab und zu vergessen, dass ich verheiratet bin.«[28] Es war ein »Kommen und Gehen«. Mit dem Privaten, das beide kaum preisgaben, vermischte sich Kunst, Politik und Gesellschaft.

An Durchsetzungskraft mangelte es Martha Liebermann keineswegs. Sie stand mit vielen im Dialog, auch mit dem Sekretär der Preußischen Akademie der Künste, Professor Amersdorffer. Willensstark mischte sie sich in den Geschäftsbereich ihres Gatten ein. In einem Brief vom 13. Januar 1927 an Amersdorffer bittet Martha um Mitteilung, wie es um ein Gesuch einer Künstlerin bestellt ist, das ihr Mann Ende Oktober oder Anfang November dem Sekretär übergeben hatte. Eingangs schreibt Martha, dass sie wegen einer leichten Grippe im Bett liege, ansonsten wäre sie »herüber gekommen« und hätte Amersdorffer nicht mit einem Brief belästigt.[29]

Alexander Amersdorffer antwortete sofort und teilte ihr mit, dass er nun eine Bewilligungsempfehlung in Höhe von 100 Reichsmark für die Künstlerin Sophie Luise Schlieder vorbereite. Warum Martha der Malerin zugetan war, muss offen bleiben. Gleichwohl könnte einer der Gründe der vermeintlich offensichtlichste sein, dass es sich bei dem Fräulein Schlieder um die ehemalige Zeichenlehrerin Käthes handelt. Ob diese Konstellation gegeben war oder Martha ausschließlich aus ethischen Beweggründen handelte, ist unerheblich. Ihr Engagement ist in der Konsequenz ein erneuter Beleg einer Solidarität für Frauen. Marthas Motive waren von moralischer Natur und zeugen von einer gewissen Größe, die sie sich in ihrer intellektuellen Ehe wahrlich erworben hatte.

Letztlich ist es daher nicht staunenswert, dass die lebenserfahrene Martha zu ihrem Mann einmal gesagt hatte: «Weißt du, Max, es war zwar eine Ehre, aber kein Vergnügen, mit dir verheiratet gewesen zu sein».[30] Sie hatte eigene Prinzipien und Familie und Freunde verstanden ihre Mentalität immer besser.

Am Pariser Platz 7 wurden Zusammenkünfte mit kulinarischen Genüssen unter der Regie der Hausherrin sorgfältig vorbereitet. Daneben veranstaltete die Tochter im Atelier des Vaters berühmt und bekannt gewordene Feste, die mehr Freiheit für das Lebensgefühl ihrer Generation boten. Martha brachte das von Sympathie getragene Erstaunen zum Ausdruck, dass unter den identitätsstiftenden Festen mit Lebhaftigkeit und ansteckender Heiterkeit auch beliebte Kostümbälle waren. Käthe war bei den Festen als »Citoyen Camille Desmoulins« kostümiert. Auf der ›Theaterbühne‹ am Pariser Platz wurde der verbindende Charakter von Kunst und Kultur gelebt. Martha wird als Betrachterin fasziniert, unmittelbar auch ergriffen worden sein im Gedanken an die abhängigen jungen Schauspielerinnen. Oft gehörten Masken in Silber

oder Natur dazu, die einerseits den Reiz erhöhten, andererseits vom Drama ablenkten, das sich bereits auf einigen Gesichtern widerspiegelte.
Die Jahre nach dem Ersten Weltkrieg bedeuteten seelische Stürme, die der Gatte in Übereinstimmung mit Martha nach quälenden Abwägungen hellsichtig an die Künstlerin Agathe Herrmann schrieb: »Ich weiß das es Tollkühnheit ist, […] ein neues verantwortungsvolles Amt zu übernehmen, zumal […] die Scheiterhaufen für uns're Glaubensbrüder schon aufgerichtet sind, um beim nächsten Militärputsch angezündet zu werden.«[31]
Mit Sicht des Primats der Verantwortung sprach der Gatte unverhohlener die drei Angriffspunkte aus, »Jude, reich und talentiert« zu sein. Martha hatte längst die schlimmen Zeichen der Zeit erkannt, wie groß die Bedrohung in Zeiten des Rassenhasses war und dass man bald ums nackte Leben kämpfen musste. Bereits 1934 prophezeite Liebermann das Ausmaß eines kommenden Krieges: »Das geht über unsere ganze Welt.« Marthas Mann stiftete aus Verpflichtung Bilder und das Ehepaar zahlte im Januar 1934, Nahsicht und Perspektive verbindend, Waisenkindern des jüdischen Kinderheims Ahawah die Überfahrt nach Palästina.
Marthas Mitmenschlichkeit und das Zedaka-Gebot kamen deutlich zum Tragen. Rückblickend zählen die Kinder mit zu den ersten von über fünfzehntausend

jüdischen Kinder, die vom 1. Dezember 1938 bis 1. September 1939 durch Kindertransporte gerettet werden konnten.

Die Hochzeit der Tochter und spätere Schicksalsschläge

Mit Käthes Bereitschaft, die Ehe einzugehen und zum katholischen Glauben Kurt Riezlers zu konvertieren, willigte sie Anfang August 1914 in ihre Verlobung ein. Riezler, promoviert in Philologie und Wirtschaftsgeschichte, war junger Vertrauter von Reichskanzler Theobald von Bethmann Hollweg im Großen Hauptquartier. Gedanklich beschäftigte Martha die explosive Atmosphäre jener Jahre, wie sie in den täglichen Ereignissen aufschien, aber auch in den Inhalten einzelner Brautbriefe, die Riezler an Käthe schickte.

Im Dezember 1914 war die Religionsfrage in der Familie so weit geregelt – ohne Beteiligung der Kirche –, dass Riezler die begehrenswerte Liebermann-Tochter heiraten konnte: »Ich bin sehr froh, dass Dein Vater in der Religionsfrage sich auf die für alle Seiten so bequeme und für trefflich Vogel Strauss Politik verlegt«, schrieb Riezler an Käthe. Die Briefe erlauben auch Rückschlüsse auf Marthas charismatische Persönlichkeit.

Riezler schildert in Briefen von 1914, dass er als Bräutigam ab und zu auch von Martha als »schlechte Partie« bzw. nicht mit »Glücksgütern« gesegnet beurteilt, und ihm bei den »zahllosen, meistens leicht melancholischen Besuchen« »mulmig« wurde. Klarheit und eine respektvolle Anrede forderte Martha, denn Riezler zeigte latente Unsicherheit. Sie erwartete Wahrhaftigkeit und Transparenz auch als »Frau Max Liebermann«. Martha war Käthes Vorbild und Vertraute und so richtete Käthe direkt an ihre Mutter die intime Frage, ob ihr zukünftiger Mann treu sein werde oder nicht. Noch Ende September 1914 war für Käthe das Heiraten ein »eigentlich unangenehmer Ausweg«.[32] Es zählte zu Marthas liebsten Aufgaben, Käthe zu beraten.

Riezler redete seine Geliebte in Briefen oft mit »mein schwarzes Mädchen« an. Die schwarzen Haare Käthes hatten es ihm angetan. Er drängte auf Vermählung und zeigte sich als einfühlender, in Sehnsucht nach privater Erfüllung veranlagter Mensch. Hier zeigen Wortspiele, wie geliebte »Sphinx« oder liebes »Kätzchen«, dessen »weiches Fell [ich] streicheln möchte«, eine gewisse Keuschheit. Käthe sollte aber nicht in Verlegenheit gebracht werden, denn sie war mit einundzwanzig Jahren von Oktober 1906 bis Anfang 1907 mit dem Physiker Dr. Erich Robert Ladenburg verlobt. Über die Verlobung mit einem Sohn Marga-

rethe Pringsheims, verehelichte Ladenburg, einer nahen Verwandten Marthas, war Martha damals sehr betrübt. Es wuchs, aber sehr langsam, kurzes Gras über die Sache. 1908 ertrank Ladenburg beim Schwimmen.
Am 11. Mai 1915 heirateten die Liebermanntochter Käthe und Kurt Riezler im Standesamt Berlin-Mitte. Die Bekanntgabe der Eltern lautete:
»Die Vermählung unserer Tochter Käthe
mit Herrn Dr. Kurt Riezler,
Wirklicher Legationsrat und vortragendem Rat in der Reichskanzlei,
beehren wir uns anzuzeigen
Max Liebermann
Senator und ordentliches Mitglied
Der Königl. Akademie der Künste
u. Frau Martha, geb. Marckwald«[33]
Karl Joseph Siegmund Riezler, wie sein Name vollständig lautete, der auch unter dem Pseudonym seiner Urgroßmutter Ruedorfer publizierte, gab natürlich ebenfalls seine Vermählung mit »Fräulein Käthe Liebermann« bekannt und unterzeichnet nicht mit »Karl«, sondern mit Dr. Kurt Riezler.
Knapp zwei Jahre nach der Hochzeit lag nervöse, gleichsam freudige Spannung in der Luft: Am 27. März 1917 wurde Käthe ein Kind geboren. Es blieb Marthas einziges Enkelkind. Das Mädchen erhielt

Käthe Riezler, um 1914, Foto Lisi Jessen

Kurt Riezler, um 1914

mehrere Vornamen, Maria Martha Margarethe, entsprechend den Großmüttern. Grete Ring, Kunsthistorikerin und Tochter von Marthas jüngster Schwester Margarethe Ottilie, wurde die Patentante von Maria. Martha war wie alle Großmütter voller Tatkraft und Fürsorge. Als im August 1917 die Kinder Urlaub in Schweden machten, wurde die kleine Maria von Martha und Kinderfrau auf dem Grundstück am Wannsee liebevoll behütend betreut und bei vielen Gelegenheiten vom Großvater skizziert und gemalt.

Alles was Rang und Namen hatte, stand mit den Liebermanns Sommer wie Winter im Austausch. In diesen Jahren waren es vorrangig Rathenau und Einstein, die die Sinnlosigkeit des Krieges anprangerten. Als moderne freiheitsliebende Frau glaubte Martha an den versöhnenden Charakter der Kunstwerke. Ihre spätere Illusion, »Solange die Werke nicht zerstört werden, bleibt die Hoffnung auf künftige andere Zeiten bestehen«, teilte sie in einem Brief an den Kunstkritiker und Redakteur Karl Scheffler mit.[34]

Der Verfall nicht nur der Autorität des Kaisers Wilhelms II., sondern der Monarchie, schritt rasend schnell voran. Mitten in den revolutionären Wochen trug sich am 11. Oktober 1918 Martha selbstbewusst und vollständig mit »Martha Liebermann« in Seidlitz' Gästebuch ein. Von Max steht nur der Vorname.[35] Nicht einmal ein Monat war vergangen, als Martha und Max am 9. November 1918, einem Sonnabend, zum letzten Mal im Kaiserreich aufwachten, denn Philipp Scheidemann, der Karl Liebknecht mindestens eine Stunde zuvor kam, rief die bürgerliche Republik in Deutschland aus. Aber der Weg war noch nicht zu Ende. Am 12. November 1918 gab es das erkämpfte Frauenwahlrecht. Im selben Maße wie einzelne Rechte zunahmen, wurde die Lage für Juden immer komplizierter.

Marthas Schwiegersohn trat aus dem Auswärtigen Amt aus und übernahm vom 15. November 1919 bis 11. April 1920 die Leitung des Präsidialbüros von Reichspräsident Friedrich Ebert und vertrat ihn vor dem Kabinett. Es war eine kurze Zusammenarbeit, da beide zu verschieden waren. Im Januar 1919 gründete Riezler zusammen mit den im Auswärtigen Amt tätigen Harry Graf Kessler und Bernhard Wilhelm von Bülow die Monatsschrift *Die Deutsche Nation*. Theodor Heuss übernahm die Redaktion ab Mai 1922 bis zur Einstellung der Schrift nach der Inflation im Juni 1925.

Diese spannende Entwicklung bekam Martha hautnah mit. 1927 war das Jahr des achtzigsten Geburtstags des Gatten. Ihm, dem Präsidenten der *Akademie der Künste* in Berlin, wurde eine wunderschöne Ausstellung mit 100 seiner besten Arbeiten gewidmet. Der Kultusminister Carl Heinrich Becker, der mit der Familie bekannt war, hielt eine beachtete Rede zur

Ausstellungseröffnung. In Anlehnung an nachhaltige Worte eines Dichters endete Becker.[36]
Die Lokalitäten der Liebermanns waren Schauplatz eines einzigartigen Triumphs: Martha strahlte eine unantastbare Würde aus. Der Malerfürst, Weltbürger, Ehrenbürger Berlins und Träger des Ordens Pour le mérite für Wissenschaft und Künste wurde hoch geehrt und war Stadtgespräch. An Auszeichnungen hatte Liebermann alles erhalten, was einem Künstler widerfahren kann. Seine Popularität war den Nazis ein Dorn im braunen Auge und bald darauf verlor sich Glanz in Elend. Die Rassenpolitik des Regimes und alltäglicher Terror zeigten sich immer unverhohlener.
Die NS-Ideologie durchschaut, verfügte Liebermann in seinem Testament vom 26. Juni 1928, dass Martha alle ihm gehörigen beweglichen Gegenstände, darunter auch ausdrücklich »alle Bilder und sonstige Kunstgegenstände«, als Vorausvermächtnis sowie den übrigen Nachlass als Vorerbin vermacht bekommen sollte.[37]
1928 übernahm Riezler die Funktion des Kurators der *Frankfurter Universität*. Becker hatte ihn eingeführt und gleichzeitig zum Honorarprofessor der Philosophischen Fakultät ernannt. Die Universität war von den Nazis als jüdisch verschriene diffamiert. Der nationalsozialistische Geist zog in die Universitäten ein. Als Marthas Schwiegersohn nach der Besetzung

*Max Liebermann mit Ehefrau Martha, Tochter Käthe und Enkelin
Maria in seiner Wannsee-Villa, 1924*

Die Familie Liebermann im Haus am Pariser Platz, 1931

der Frankfurter Universität durch SA-Truppen in zeitweilige »Schutzhaft« genommen wurde, besuchten ihn Käthe und Maria im Gefängnis. Am 1. April 1933 zwang man Riezler, als Kurator zurückzutreten. Die Familie kam wieder nach Berlin. Auch jüdische Parlamentarier, die mit den Liebermanns verkehrten, sahen sich bereits im Laufe der 1920er-Jahre zunehmend antisemitischer Äußerungen und Diffamierungen ausgesetzt. Im Mai 1933 wurden auf dem Berliner Opernplatz Bücher verbrannt. Nach Riezlers Entlassung von der Universität und einer Judenpolitik, die Zehntausende rechtlich diskriminierte und verfolgte, war Martha tief verzweifelt und ihr Gatte lebte »nur noch aus Hass«.[38] Markierend war der Fackelzug der SA und SS durch das Brandenburger Tor im Januar 1933 – ein Ereignis, mit dem die Nationalsozialisten ihre gewonnene Macht über Deutschland feierten. Marthas Mann fand das Ereignis und die abscheuliche Zeit zum »Kotzen«. Eine Welle der Gewalt rollte auf die Juden zu und traf Marthas Familie und Verwandtschaft. Die Illusion und der Glaube, »Deutsche zu sein«, wurden gnadenlos zerstört. Allein die psychische Drangsalierung war und ist ein mahnendes Zeugnis der grausamen Konsequenzen des zur Staatsdoktrin gemachten Antisemitismus.

Alle Ehrungen und Verdienste um die deutsche Kunst waren am Ende nichts wert. Deutsche Kultur, das hieß

Rausschmiss, Flucht, Exil und Mord. Die Handhabe bot das »Gesetz zur Wiederherstellung des Berufsbeamtentum« vom 7. April 1933; die geistige Niederlage war nicht mehr abzuwenden. Im Februar 1934 ordnete Reichswehrminister Blomberg die Anwendung des »Arier«-Paragraphen auf das Militär an. Die jüdischen Soldaten schienen vergessen. Wochen danach verkündete Propagandaminister Goebbels, dass Juden aus der Reichskulturkammer ausgeschlossen werden.[39]

Jahre des Verrates, der Gewalttaten und der schicksalhaften Tode sowie des Heimatverlustes folgten. Die tragischen Ereignisse markierten auch für Martha den Beginn der Entrechtung und der daraus erwachsenen geistigen und sozialen Isolation als Jüdin.

Teile der Liebermann'schen Kunstsammlung wurden ab Mai 1933 ins Ausland verbracht. Vierzehn impressionistische Gemälde konnten auf Rat des Schweizer Bankiers und Präsidenten der Zürcher Kunstgesellschaft Adolf Jöhr im Zürcher Kunsthaus deponiert werden. Ein Großteil der Sammlung verblieb in den Häusern am Pariser Platz und am Wannsee. Martha war nicht mehr die öffentliche Frau wie einst; ihr Mann war die letzten zwei Jahre seines Lebens ins Abseits gestellt. In diesen Jahren bestückte Liebermann noch selbst eine Ausstellung in Amsterdam. 1934 nahm sich Sir William Rothenstein, Leiter des

Martha bei der Verleihung des Beethoven-Preises an Hans Pfitzner: v.r.n.l. Alexander Amersdorffer, Max und Martha Liebermann, unbk., Georg Schumann, Hans Pfitzner, 1931

Royal College of Art, mit unbeirrbarem Interesse einer Liebermann-Ausstellung für die *Leicester Galleries* in London an. Die kollektive Befindlichkeit der Gesellschaft löste kein Unbehagen aus. Liebermanns größter Widersacher war jedoch der Antisemit Emil Nolde. Trotz Repressalien begingen die Eheleute voller Wärme ihre Goldene Hochzeit am 14. September 1934. Marthas Stolz auf die Nation war gebrochen. Für sie bekam der Begriff »Inneres Exil« eine deutsche Prä-

Martha und Max am Wannsee, Winter 1932/33

gung. Ohnehin plagten sie mit Machtlosigkeit solche Gedanken, dass man ihr die Heimat entziehen werde.
Die wirtschaftlich und künstlerisch florierende Welt war durch den Ausbruch des Ersten Weltkriegs aufgerüttelt. Aber keiner der Gäste am Pariser Platz konnte ahnen, »was noch passieren« würde, dass die Juden im nationalsozialistischen Deutschlands entweder in die Emigration oder in den Tod gezwungen wurden; dass in einer nah gelegenen Villa am 20. Januar 1942 in geheimer Aktion die »Endlösung der Judenfrage« koordiniert wurde. Die kommenden »Verhältnisse«, der organisierte systematische Judenmord »waren unvorstellbar«.[40]
An einem Freitag, es war der 8. Februar 1935, traf die Familie ein schwerer Schicksalsschlag. Max Liebermann war »abends um sieben« in seinem Haus am Pariser Platz »still eingeschlafen«. Käthe und Maria verweilten bei Martha. Sorgenschwer werden der trauernden Frau die Worte ihres hingeschiedenen Mannes durch den Kopf gegangen sein: »Ich bin als Jude geboren und werde als Jude sterben.« Gewissen und Verantwortung stehen zwischen beiden Lebenspolen. Ja, weithin sah er sich sogar als »eingefleischter Jude«, setzte sich mit Einstein für Vernunft und Menschenrechte ein und »[sprach oft] mit Professor Einstein [...] über die Judenfrage«.[41] Möglicherweise hatte diese politische Ethik bei Martha 1938 einen

essenziellen Effekt zum Verkauf eines Einstein-Gemäldes ausgelöst.
Die Künstlerwitwe traf nachhaltige Regelungen, damit ihr verschiedener Mann nicht in kulturelle Vergessenheit geraten sollte. Sie spürte eine enorme Verantwortung auf sich lasten, dass die Erinnerung »übrig bleibt«. Martha bat Arno Breker, trotzdem Breker willig dem NS-Regime diente, die Totenmaske zu fertigen. Die Fotografin Charlotte Rohrbach nahm die Gipsmaske auf. Breker, der bald zum Zirkel der Entourage des Diktators gehörte, sah sich als »Retter der Juden«. Doch wie man es auch dreht und wendet, es war eine Lebenslüge – Breker war Hitlers fokussierter Bildhauer. Die »Akkuratesse des Schwindels« lässt sich deutlich belegen, denn Breker hat unverzeihlich auch Marthas Leben nicht gerettet.
Am 11. Februar 1935 wurde Liebermann auf dem Jüdischen Friedhof an der Schönhauser Allee beigesetzt. Der Rabbiner Malvin Warschauer hielt die Gedächtnisrede. Warschauers Sohn, James J. Walters teilte in einem Brief an die Stiftung Neue Synagoge – Centrum Judaicum mit, dass die Rede »trotz Gestapo von einer Dame mitstenographiert worden [ist], da die Witwe [Martha] wohl vorher darum gebeten hatte«.[42] Politischer Mut und Selbstvertrauen gehörten dazu.
Martha erreichten Beileidsbekundungen von »Der Genossenschaft der bildenden Künstler Wiens«, Gerhart

Hauptmann, Georg Kolbe und Max Planck. Nach wenigen Tagen schrieb Scheffler, der auch eine Trauerrede gehalten hat, an Gerhard Gollwitzer: »wir haben Liebermann [...] begraben – [...] Die Bilder bleiben was sie sind. Jetzt beginnt die Urteilsformulierung der Geschichte. Es wird Jahrzehnte dauern, wenn aber der Weizen von der Spreu geschieden ist, wird der Ruhm ein für alle Mal befestigt sein. Aber: wir haben viel verloren.«[43]

Max Liebermann, Die Gattin des Künstlers, 1928/1930

In den Jüdischen Museen in Frankfurt am Main und Berlin sowie am 23. Februar 1936 im Tel-Aviv-Museum gab es Liebermann-Gedenk-Ausstellungen. Am 9. Februar 1936 eröffnete Heinrich Stahl in Anwesenheit von Martha die Berliner Ausstellung. Die Resonanz bescherte einen »Rekordbesuch von fast 6000 Besuchern«. Am 22. März war »unwiderruflich [der] letzte Besuchstag der Liebermann-Gedächtnis-Ausstellung«.[44]

Der Kunsthändler Dr. Walter Feilchenfeldt bemühte sich 1937 um entsprechende Ausstellungen in Zürich, Bern und Basel sowie um eine Verkaufsausstellung in Wien. Alle Aktionen dienten der Lebens(ab)sicherung Martha Liebermanns. Das Gefühl der Zusammengehörigkeit ging über den Tod hinaus.

Martha Liebermann und der Kunsthandel

Sieben Monate nach Marthas schmerzlichem Verlust wurden die Nürnberger Gesetze vom 15. September 1935 erlassen. Im Herbst 1935 verließ die Künstlerwitwe zwangsweise ihr lieb gewordenes Palais und zog wie eine Verurteilte und Verlorene in die Graf-Spee-Straße 23.[45] Martha empfand Demütigung angesichts der Tatsache, dass sie ihr Haus »vertauschen« musste.

Um der Trauer, die sich kaum in Worte fassen lässt, nicht zu verfallen, ordnete die Witwe als rechtmäßige Zwischenerbin mit Erich Hancke, Freund und Kunstkenner, den Nachlass. Dieses gigantische Werk des lebenslang unermüdlich schaffenden Künstlers wurde mit einem Nachlass-Stempel »Frau Professor Martha Liebermann« versehen. Hanke beantwortete im Auftrag von Martha auch Briefe. Am 27. August 1935 schrieb er an den Direktor des Museums in Tel-Aviv Karl Schwarz. Gegenstand war, dass Martha dem Museum mutmaßlich ein versprochenes Liebermann-Gemälde vermachen sollte. Briefe wechselten hin und her, die Schenkung kam nicht zustande.[46]

Im Februar 1938 übertrug Martha Liebermann, die nur Vorerbin war, ihr Haus am Pariser Platz ihrer Tochter. Am 6. Dezember durfte die Künstlerwitwe ihr Domizil nicht mehr betreten. Das Berliner Regierungsviertel war mit einem »Judenbann« belegt worden. Hancke verlor eine Liebermann-Fotosammlung, die bei einem Bombenangriff, der die Kunsthandlung und Buchhandlung Victor Rheins traf, vernichtet worden war.[47] Die Fotos, auf denen vermutlich auch Martha häufig zu sehen war, sind nach dem Ersten Weltkrieg aufgenommen worden. Diese hätten einen Einblick in jene Prozesse erlaubt, in denen sich Geschichte in den Bildern ihrer Zeit kristallisiert.

Marthas Schwiegersohn hatte wertvolle Möbel und einen Teil von Liebermanns eigener Gemäldesammlung in Sicherheit gebracht. Er konnte Bilder auf eine Impressionisten-Ausstellung in die Niederlande schicken mit einer geheimen Absprache, dass sie der Familie erhalten blieben.[48]

Marthas Nichte Grete Ring war in dieser düsteren Zeit eine vergebliche Hoffnung für Martha, obgleich sie sich 1938 in London etablieren konnte. Nach dem Freitod Paul Cassirers übernahm Ring 1926 dessen Kunstsalon. Die Galeristin war noch Anfang 1933 mit Alfred Flechtheim verantwortlich für die Ausstellung »Lebendige deutsche Kunst« in Berlin. Da war die »Situation« für Martha noch nicht völlig »unerträglich geworden«, aber einige Werke waren bereits verloren.

Unter den verfolgungsbedingt verlorenen Werken waren viele Gemälde und Zeichnungen von persönlichem Charakter, in denen Liebermann die geliebten

Menschen seines Umfeldes darstellte: Martha, Käthe und seine Enkelin Maria.

Darunter das Gemälde »Schlafende Frau im Bett« (1885), das noch 1952 im Besitz von Wolfgang Gurlitt war, dessen Spur sich nach 1960 verlor. Ähnlich verhielt es sich mit der Zeichnung »Martha Liebermann, die Frau des Künstlers beim Lesen«. Das Blatt zeigt die schwangere Martha lesend, auf einer Couch bequem zurückgelehnt. Martha trägt ein schwarzes hochgeschlossenes Kleid. Frau Liebermann verkaufte es durch bittere Not gezwungen oder aus psychischer Bedrängnis. Dann war es verschwunden. Nach dem Krieg tauchte die besagte persönliche Zeichnung in einer Privatsammlung auf und wechselte wiederholt den Besitzer.[49]

Martha Liebermann musste aufgrund ihrer sich dramatisch zuspitzenden Lebenssituation weitere Kunstwerke veräußern und es ist nicht von der Hand zu weisen, dass einige die Situation ausnutzten. Martha wollte selbst zu ihrer Ausreise beitragen. Am 18. Februar 1937 erwarb die Berliner Nationalgalerie vier Zeichnungen von Adolph Menzel. Am 15. März 1937 wurde eine Ölstudie, »Wilhelm Leibl, Bauernküche« (1888), laut Rechnung vom 13. August 1938 von der Österreichischen Galerie um 11 100 RM aus der Kunsthandlung Gerstenberg, Chemnitz, erworben. Aus dem ursprünglich übergegangenen Besitz an

Martha wurde die Studie von der Berliner Galerie Victor Rheins um 6 000 RM der Münchner Galerie angeboten. Am 25. Juni 1937 bot man sie erneut der Galerie Heinemann, diesmal durch den Berliner Kunsthändler Dr. Guido J. Kern, an.[50]

Am 31. Mai 1938 schuf das »Gesetz über Einziehung von Erzeugnissen entarteter Kunst« die rechtliche Voraussetzung, beschlagnahmte Werke aus Museen und Galerien zu verkaufen. Im gleichen Jahr sorgte Martha rechtsgeschäftlich dafür, dass Liebermanns Einstein-Porträt auf eine Verkaufsausstellung Deutscher Kunst nach London kam. Zwischen Juli und August 1938 fand in London in den New Burlington Galleries die größte Ausstellung deutscher Moderne in England statt (Twentieth Century German Art).[51] Es war gleichzeitig die bemerkenswerteste internationale Antwort auf die Münchner NS-Propagandaausstellung »Entartete Kunst«.

Zwei Kunsthändlerinnen, Noel Norton in London und Irmgard Burchard in Zürich, bauten zunächst unabhängig, dann gemeinsam, ein »lebendiges« Netzwerk gegen Hitler auf. Vielleicht bezeichneten einige unter ihnen Hitler auch als »österreichischen Clown«, aber dessen verbrecherisches Antlitz offenbarte sich immer mehr. Der deutsch-jüdische Kunstkritiker Paul Westheim, der 1933 nach Paris emigriert war und dort 1937/38 in Reaktion auf die »Entartete Kunst« als

Vereinigung verfolgter Künstler den *Freie[n] Künstlerbund* gegründet hatte, wirkte einige Zeit an der Ausstellung mit. Durch Burchards Vermittlung beteiligten sich etliche Schweizer Privatsammler und brachten hunderte Werke verfemter Künstler nach London. Zahlreich waren die Leihgaben von Nell Walden, der in der Schweiz lebenden geschiedenen zweiten Ehefrau des Berliner Galeristen Herwarth Walden. Beide kannte Martha gut, auch Waldens erste Frau Else Lasker-Schüler. Marthas verstorbener Mann war mit mindestens 18 Werken vertreten.

Der Ankauf des eingebrachten »Einstein-Porträts« für die Royal Society war ein Erfolg, was man der zeitgenössischen Presse entnehmen kann.[52] Es war der einzige. Ob Martha irgendwelche Gelder für diese Transaktion erhielt, bleibt unsicher, da durchaus nicht immer Quittungen ausgegeben wurden. Eine formaljuristische Eigentümer-Verkaufsverfügung von Martha muss jedoch vorausgegangen sein, denn sie wusste, was sie tat. Das Gemälde enthielt den Vermerk anonymer Besitzer.

Am 30. Juni 1939 veranstaltete die Galerie Theodor Fischer in Luzern die Auktion »Gemälde und Plastiken moderner Meister aus deutschen Museen«. Marthas Mann war mit zwei Bildern, unter anderem mit »Auf dem Gemüsemarkt« von 1907, vertreten. Martha wird vermutlich kein Geld bekommen haben.

Drei Jahre später, 1942 erwarb Wolfgang Gurlitt Werke, die auf Martha Liebermann übergegangen sind, auf Vorrat. Auch Hildebrand Gurlitt hatte jüdisches Erbe des Künstlers, darunter »Reiter am Strand« und viele Papierwerke, erworben. Die NS-Kunsthändler bedienten sich Verschleierungstaktiken, was später immer offensichtlicher wurde. Ein Schreiben der Berliner Nationalgalerie vom 25. April 1947 verdeutlicht, was virulent war – auch der Inhaber der Kunsthandlung Victor Rheins, Otto Feindt, war »der Witwe Liebermann beim Verkauf der Hinterlassenschaft des Künstlers behilflich« gewesen.[53]
Martha verkaufte den Otterbrunnen von August Gaul, ein Geschenk ihres Mannes, aus Geldnot an die Kunsthandlung Rheins. Der Tierfigurenbrunnen strahlte Ruhe im Garten aus, der einst wie ein Gemälde der Natur war. Die impressionistischen Bilder Liebermanns zeugen davon.
Zur Situation der Bilder schrieb 1946 Erich Hancke an Scheffler: »Liebermann-Bilder sind hier sehr gesucht – sie waren es die ganze Zeit über, noch kurz vor Frau Liebermanns Tod, hat ihr [Wolfgang] Gurlitt den Rest der vorhandenen Zeichnungen, ungefähr 200 Blatt, abgekauft. – Porträts natürlich weniger. Ich schätze Ihr Porträt jetzt auf M 10 000. Die Zeichnung auf 2 500.«[54]
Viele Bilder des bürgerlichen Impressionisten tragen den Vermerk »Provenienz in Klärung«. Und auch

Marthas biografische Geschichte bedient den Wunsch nach Revision der durch das NS-Regime zerstörten Kunstgeschichte.

Ausschnitt aus der humanitären Katastrophe des Nationalsozialismus – »Freitod« – Shoah

Wachsender Rassismus führte zu ethnischen Konflikten. Die deutsch-jüdische Symbiose war zerschlagen. Deutschland vertrieb und ermordete sein Bildungsbürgertum. Für Martha Liebermann und für ihre Kinder und Enkeltochter wurde die Lage zunehmend prekär. Maria konnte als »Halbjüdin« nicht in Deutschland studieren. Die Riezlers emigrierten nach dem Pogrom vom 9. November 1938 in die USA. Martha haderte mit der Entscheidung, die ihr Leben in dem kommenden Jahrzehnt prägen würde. Im totalitären Staat war nichts mehr harmlos. Am 3. Dezember 1938 musste Martha ihren gesamten Schmuck und ihr Silber wegen der »Verordnung über den Einsatz jüdischen Vermögens« im Städtischen Pfandhaus in der Jägerstraße abliefern.[55] Diese Enteignung reiht sich ein in den hunderttausendfachen Raub, der auch noch später geschehen war.

Mit der ganzen Wucht der nationalsozialistischen Menschenvernichtungspolitik auf das Ziel »Endlö-

sung«, wurde auch für viele Verwandte »die Situation unerträglich«.
Von den Schicksalen vor dem Hintergrund dunkler deutscher Geschichte, den beginnenden Massenvertreibungen, der »Polenaktion«, die zwischen dem 28. und 29. Oktober 1938 die erste große nationalsozialistische Aktion war, durch die 18 000 Juden polnischer Staatsangehörigkeit ausgewiesen, misshandelt oder getötet worden sind, sickerte einiges durch. Martha hörte vom alltäglichen Grauen und Morden und von weiteren »schlimmen Dingen«, von unfassbaren Ereignissen. Angehörige gingen in den »Freitod«. 1938 war es Marthas Neffe, der Chemiker Hans Heinrich Liebermann, ältester Sohn ihrer bereits verstorbenen Schwester Else. Auch seine kinderlos gebliebene Schwester Eva, verehelichte Koebner, Marthas Nichte, folgte 1939 in den erzwungenen Freitod.[56] Es zeichnete sich ein Leben ohne Familie, Verwandte und Freunde ab – in vollständiger Isolation.
Ab 1939 musste Martha den Zwangsnamen »Sara« tragen, ab 1941 den »Judenstern«. »Pour le semité« herrschte auf der ganzen Linie. Einige konnten noch rechtzeitig emigrieren. Verfolgung, Exil und die Deportationen in die Vernichtungslager trieben zahlreiche Familien auseinander. Aber alle Lebenswege waren miteinander verbunden. Bis heute ist bei Nachfahren deutscher jüdischer Emigranten des Familien-

kreises in Argentinien, Australien, Großbritannien, Neuseeland, der Schweiz und Südafrika das Trauma des Heimatverlustes spürbar, das sich stark in Erinnerungen, Emotionen und schließlich in Träumen abspielte. Transkulturelle Einflüsse und Erinnerungssuche halfen kaum darüber hinweg. Für Martha Liebermann wäre es eine Aussiedelung für die Ewigkeit geworden. Dennoch kämpfte sie in den letzten zwei Jahren um ihre Emigration.

Marthas Zustand geht aus ihren Briefen hervor. Zwischen den Zeilen an Emma Zorn und Walter Feilchenfeldt steht die Angst. Über die »schlimmen Dinge«, »die unerträgliche Situation«, die sie durch die menschenverachtende NS-Ideologie erfahren hatte, durfte sie nichts schreiben.

Am 18. Oktober 1941 zeitgleich mit der ersten Deportation Berliner Juden, schrieb Martha Liebermann an ihre getreue Freundin, die Künstlerwitwe Emma Zorn: »[...] Ich bin 84 Jahre alt, und habe bis vor einigen Monaten niemals an eine Auswanderung gedacht. Aber mir ist jetzt die Situation unerträglich geworden und ebenso wie die heutigen Verhältnisse unvorstellbar waren, ebenso ist es nicht möglich zu ahnen, was noch passieren kann. Ich danke jeden Morgen dem Schicksal daß mein Mann diese Zeit nicht erlebt und daß meine Tochter mit Mann und Kind dies Land verlassen konnten, weil mein Schwiegersohn einen Ruf

an die Universität in New York bekam. Augenblicklich sind sie in Chicago wo mein Schwiegersohn eine Austauschprofessur für das amerikanische Universitätsjahr angenommen hat. […] Pekuniär liegt keine Schwierigkeit vor […]. In alter Freundschaft und Verehrung Ihre Martha Liebermann«[57]
Die Zeilen Marthas verdeutlichen die Unerträglichkeit und die Unvorstellbarkeit der kommenden Dinge.
Tage darauf wurden immer wieder Juden abtransportiert und was sie erwartete, war ebenfalls »nicht möglich zu ahnen«.
Am 9. November 1941 schrieb Martha berührende Zeilen an Walter Feilchenfeldt: »[…] Die drei Paten, die sie genannt haben, sind […] doch so gewichtig, daß ich auf Erfolg hoffen kann […]. Ich bin immer ganz gerührt über die Hilfsbereitschaft der Freunde von mir und von meinen Kindern, und ich denke, wenn so viele gute und kluge Menschen sich für mich bemühen und einsetzen, muß es doch zu einem günstigen Resultat führen. Es sind wieder recht schlimme Dinge passiert […] u. meine Situation ist unverändert. Aber wer weiß, was der nächste Tag bringen kann.«[58]
Das Ehepaar Feilchenfeldt hinterlegte genau zu dieser Zeit den Betrag von 5 000 Franken bei der Kantonalen Fremdenpolizei in St. Gallen für Marthas Rettung.
Man kann sich die Verfassung Martha Liebermanns kaum vorstellen, als sie merkte, dass sie nicht mehr auf

Leben hoffen konnte. Hinzu trat im November 1941 die 11. Verordnung zum Reichsbürgergesetz in Kraft.[59] Die Enteignungsverordnung bestimmte, dass Juden, die das Reich verließen, also deportiert wurden, sofort ihr gesamtes Vermögen verlieren. Gleichzeitig verbot Heinrich Himmler die Auswanderung. Im Dezember 1942 gab es jedoch einen Vermerk Himmlers, dass Hitler ihm die Vollmacht zur Ausnahme erteilt habe, »die Loslösung von Juden gegen Devisen« zu genehmigen. Sein einziges Motiv war die Erbeutung eines namhaften Umfangs von auswärtigen Devisen als kriegswichtige Ressource. Käthe und Kurt standen in Sorge um Martha unter enormem Druck. Am 22. August 1942 schrieb Käthe (i. Orig. englisch) mit einem Gefühl der Ohnmacht an Friedel Jeffrey [Friedrich Jaffé] aus Elk Raids (Michigan): »Natürlich machen wir uns große Sorgen um meine Mutter, die immer noch in Berlin lebt und eine lebenslange Erlaubnis für die Schweiz und Schweden hat. Aber neulich erhielt ich einen Brief von einer Kanadierin, die als eine der Katastrophenopfer der Zamzam [ägyptisches Schiff, versenkt von dem deutschen Hilfskreuzer Atlantis am 17. April 1941] in Deutschland interniert war. Das letzte Jahr (1941) ihrer Internierung verbrachte sie in Berlin, wohnhaft in Wannsee, im Gartenhaus meiner Mutter. Sie schrieb, dass sie [Martha Liebermann] zuletzt Mitte Juni gesehen hatte,

und sie war vollkommen in Ordnung, hatte ihre alten Dienerinnen [Marie Hagen und Alwine Walter] und alles. Ich finde es furchtbar, dass sie Deutschland nicht verlassen durfte, aber unglücklicherweise können wir nichts dagegen tun. Deine alte Tante Käthe.«[60]
Es war die Kanadierin Isabel Russel Guernsey, die mit Kitsi [Katherine] Strachan im »Gartenhaus« Unterschlupf suchte. Die Frauen waren vom 14. September 1941 und sogar noch bis zum 12. Juni 1942 in Berlin. Die Villa am Wannsee war schon 1940 für 160 000 R.M an die Reichspost zwangsweise veräußert worden und musste anfangs ein »Lager für weibliche Gefolgschaft« bilden. Von der Summe bekam Martha gar nichts. Wo die Internierten Martha im Juni trafen, ist unklar.
Anfang Januar 1942 starb Emma Zorn. Die Situation spitzte sich zu. Eine Verwandte Marthas, die Arztwitwe Henriette Zondek, wurde am 14. September 1942 nach Theresienstadt deportiert und am 27. Januar 1943 Opfer der Shoah. Zuvor wandte sich für sie und Martha 1942 der schwedische Maler Prinz Eugen Napoleon, ein Bruder des Königs Gustav V. von Schweden, an den Präsidenten des Deutschen Roten Kreuzes, Carl Eduard Herzog von Coburg und Gotha, mit der Bitte, bei der Gestapo zu Gunsten der verwitweten Jüdinnen Martha Liebermann und Henriette Zondek zu intervenieren. Der Herzog, der SA nahestehend, richtete am 25. März 1942 ein Schreiben an den Chef der Sicher-

heitspolizei mit dem Ersuchen um Genehmigung der Ausreise im Fall Martha nach Schweden und bei der Witwe Zondek zur Ausreise über Irland nach Portugal.[61] Das Schreiben war vergeblich.

Im November 1942 schmuggelte der ehemalige Diplomat Edgar Freiherr von Uexküll zwei Porträts des schwedischen Maler Anders Zorn aus dem Besitz Marthas in einer abenteuerlichen Schiffsaktion nach Schweden. Es war ein illegaler und nicht ungefährlicher Bildtransport unter Einsatz des Lebens. Dazu äußerte sich Käthe Riezler 1946 in einen Brief an die Kunsthistorikerin Gerda Boëthius.[62]

Anders Zorn, Porträt Martha Liebermann, 1896

Die Aktion verlief glimpflich. Die wundervollen Bildpaare, auf denen Martha 1896 im Haus am Pariser Platz feinsinnig, mit zärtlichem Respekt und zuvor Max Liebermann in Zorns Pariser Atelier versinnbildlicht worden waren, brachten im Erlös aber nur

12 000 Kronen ein. Damit konnte nur ein Teil der Lösegeldforderungen, die für die Bewilligung des Visums laut Mitteilung vom 15. Dezember 1941 50 000 Schweizer Franken betrugen, beglichen werden.

In der Situation, wo Repressalien und Schikanen Martha entrechteten, lebte Martha von der Hoffnung der Erhaltung der Werke ihres Mannes, einschließlich der Zorn-Gemälde, die ihr Leben retten sollten. Es war Marthas Erinnerung, die über das Persönliche hinaus auf das Gesellschaftliche zielte. Sie hoffte auf Wertschätzung, die dem Erbe zuteilwerden sollte: »Solange die Werke nicht zerstört werden, bleibt die Hoffnung auf künftige andere Zeiten bestehen«. Es hat etwas Erschütterndes, zu erfahren, wie lange die Hoffnung, die anfangs nicht vergehen wollte, in ihren Überlegungen eine Rolle spielte. Doch durch die Erfahrung hatte sich diese Assoziation gewandelt. Alle Hoffnung war verhängnisvoll geschwunden, die Nazis machten sie zunichte. Weitere deportierte Verwandte fanden grausam den Tod.

Die hochbetagte Martha Liebermann erlitt im Winter 1942 einen Schlaganfall. Sabine Weyl und ihre Mutter, entfernte Verwandte, besuchten Ende 1942 »die schöne alte Dame« mehrfach in der Graf-Spee-Straße. Weyl berichtete Jahre später: »Mit viel Einsatz konnte ihr Arzt sie retten, sie war ja immerhin schon 85 Jahre alt. Johanna, damals nach dem Titel ihres verstorbenen Gatten – er war letzter kaiserlicher Gesandter in Samoa und später in Japan – Excellenz Solf genannt, war eine Freundin der Familie. Sie sprach mit dem Arzt und wies auf die zu erwartenden Umstände hin, nämlich die Deportation [...]. Ich [Sabine Weyl] sehe die damals immer noch schöne alte Dame vor mir, als wäre es nicht über 50 Jahre her: Im Bett liegend, sich mit einem feinen Spitzentuch den nun immer leicht laufenden Mund trocknend, neben ihr auf dem Nachttisch ein Bild ihrer Tochter Käthe Riezler in Balltoilette. Die Familie Marckwald war ja berühmt für ihre zahlreichen schönen Töchter. Sie sagte zu mir: ›Mein liebes Kind, Ihre Mutter schickt sie zu mir, um mich zu fragen, wie es mir geht, es geht mir sehr schlecht, und ich möchte nur noch sterben.‹«[63]

Frau Liebermann waren im Rahmen der »Judenvermögensabgabe« hohe Steuerforderungen auferlegt worden: Die anteilige »Sühneleistung« in Wertpapieren von 665 000 RM, die Graf-Helldorf-Spende von 10 000 RM und für einen »Heimeinkaufvertrag« im Getto Theresienstadt 72 400 RM, den sie im März 1942 unterzeichnete. Ein Kreis um Martha, auch mit politischer Dimension in Schweden, bemühte sich weiter um Rettung. Neben der dramatischen Aktion des »Baron« von Uexküll, der Kontakte zum Widerstand um Carl Goerdeler und zu Claus Schenk Graf von Stauffenberg hatte, waren es Johanna Solf, der ehemalige Bankier Albrecht Graf Bernstorff, der Maler Konrad von Kardorff und dessen Tochter Ursula. Die Familie von Walther Rathenau spielte eine besondere Rolle. Der Privatbankier und Verwandte Fritz Andreae stellte Geld bereit. Mittels eines ernannten Generalbevollmächtigten sollte Martha Liebermann zur Emigration verholfen werden. Der Bevollmächtigte war Andreaes Schwiegersohn Hans-Karl von Mangoldt, der mehrfach nach Stockholm reiste. Sein erfolgloses Einbringen für Marthas Rettung wurde mit dem Krieg gerechtfertigt. Für Fritz Andreae, der wagemutig für Marthas Leben eintrat, war die politische Sicht nicht ausreichend und so bedauerlich wie unverständlich zugleich.[64]

Die enorme und widerwärtige »Reichsfluchtsteuer« der Nationalsozialisten verhinderte, dass Martha aus der Hölle Deutschlands heraus kam. Das Reichswirtschaftsministerium, Referat 7 Abteilung 5, befasste sich mit den Lösegeldforderungen. Es war eine der bedeutenden Säulen des NS-Regimes und zählte als Teil der am Ende agierenden Vernichtungsmaschine. Marthas Schwägerin Cäcilie erhielt Anfang 1943 einen Deportationsbefehl. Gerade zu dieser Zeit, am 18. Januar 1943, wurde Cäcilies Bruder Siegbert Lachmann in Theresienstadt Opfer der Shoah. Neun Tage später, am 27. Januar, starb Cäcilie im Jüdischen Krankenhaus an

»Herzmuskelschwäche«, eher wohl am »gebrochenen Herzen« wenige Wochen vor Martha. Ida Dehmel war am 29. September 1942 in den erzwungenen Freitod gegangen und die Malerin Julie Wolfthorn wurde 1942 nach Theresienstadt deportiert. Martha, die an die Wahrhaftigkeit ihrer Träume lange Zeit geglaubt hatte, wurde alles genommen.

Martha Liebermann, die lange nicht daran glaubte, wozu die Deutschen fähig sein konnten, griff zu einer Überdosis Veronal.

Wann Martha Liebermann den Deportationsbefehl erhielt, und ob sie das Gift am 4. oder 5. März nahm, dazu gibt es unterschiedliche Ausführungen. Frau Weyl schildert auf der Grundlage von Berichten: »Am 5. März 1943 wurde sie aufgefordert, sich zur Deportation bereit zu halten. Sie nahm Veronal und starb am 10. März [...]. Was ich darüber weiß, erzählte Alwine Walter [...] später meiner Mutter. Danach sei Martha Liebermann noch lebend auf einem Dreirad-Lieferwagen abtransportiert worden, zusammen mit einer anderen alten Dame* aus der Straße.«[65]

Die tapfere, ins Koma gefallene Frau wurde in das *Jüdische Krankenhaus*, in der von der Gestapo einge-

---

* Anmerkung des Herausgebers: Bei der »anderen alten Dame« handelte es sich um Amalie Meschelsohn (10.8.1865–5.3.1943); sie wohnte Graf-Spee-Straße 19.

richteten »Polizeistation«, eingeliefert. Zur Wiederbelebung, lautete stets die Anweisung der Täter an die Ärzte.[66] Nach einer Quelle, die sich auf eine Depesche vom 12. März 1943 an den Generalstaatsanwalt beruft und mit dem roten Stempel »J« versehen ist, wird festgehalten: »die am 4.3.43 aus ihrer Wohnung Graf Speestr. 23 evakuierte Jüdin Marta Sara Liebermann geb. Markwald am 8.10.1857 in Berlin geboren, [ist] am 10. März gegen 02.00 Uhr an Schlafmittelvergiftung im Jüdischen Krankenhaus, Iranischestr. verstorben.«[67] In der Meldung wurde Martha Liebermann als »evakuierte Jüdin« bezeichnet. Martha Liebermanns Krankenhaus-Registrierung erhielt die Nummer 550. Der Tod wurde am 16. März und am 18. März 1943 gemeldet »als Selbstmordfall Marta Sara Liebermann«. Die Todesursache »Selbstmord durch Schlafmittelvergiftung« wurde beim Standesamt Wedding unter Nr. 1559 beurkundet. Das Geburtsjahr ist mit 1858 [sic!] eingetragen.[68] Die Gestapo machte zuvor den Aktenvermerk: »Die Jüdin Martha Sara Liebermann hat am 10.3.43 (Eintritt des Todes) Selbstmord aus Furcht vor der Evakuierung verübt.« In der Ersten Beilage zum *Deutschen Reichsanzeiger* und *Preußischen Staatsanzeiger* Nr. 75 vom 31. März 1943 gab es dazu die Bekanntmachung über die Verfügung der Gestapo vom 26. März zwecks Einziehung des Vermögens.[69]

An einem regnerischen Dienstag, dem 23. März 1943, wurde Martha Liebermann auf dem Jüdischen Friedhof Weißensee durch Martin Riesenburger beigesetzt. In seinen Erinnerungen hält er fest: »jeder Heimgegangene [wurde] mit Würde und Andacht der Erde übergeben.« Aber: »Wir konnten die Heimgegangene nicht einmal an der Seite ihres Gatten auf dem alten jüdischen Friedhof in der Schönhauser Allee betten, weil in dem Gebäude unseres dort befindlichen ehemaligen Altersheimes sich die Gestapo befand.«[70]
Am 24. März 1943 ließ der Oberfinanzpräsident Berlin-Brandenburg den Nachlass auf einer mehrseitigen Inventar- und Bewertungsliste erfassen. Von der Sammlung ihres Ehemannes befanden sich nur noch 53 Kunstwerke in der Wohnung.[71] Am 26. März 1943 wurde ihr Vermögen entschädigungslos zu Gunsten des Deutschen Reiches eingezogen. Am 4. September 1943 wurde Martha Liebermanns Wohnung, Graf-Spee-Straße 23, requiriert. Das Vermögen war mit einem Erlös von 84 191,40 RM verwertet worden. Die Beschlagnahmung des Grundstücks Pariser Platz 7, für das im Grundbuch des Amtsgerichts »Berlin von der Dorotheenstadt« die in den Vereinigten Staaten emigrierte Tochter Käthe Riezler eingetragen war, folgte. Schließlich konfiszierte man den Rest des Liebermann- und Riezlervermögens.

Liebermann Familiengrab, Ehrengrab. Die Geburtsjahrprägung ›1858‹ auf Marthas Grab ist falsch

Als Käthe und Kurt sich 1943 für New York als Zufluchtsort entschieden hatten, wurde ihnen die deutsche Staatsangehörigkeit aberkannt. Am 10. September 1945 beschlagnahmte die alliierte Militärregierung den Nachlass. Käthe prozessierte gegen die Enterbung.[72]

Nach der Beschlagnahmung des Nachlasses gab Katharina Riezler im Restitutionsantrag 1947 an, dass die Nazis direkt nach Martha Liebermanns Tod den Inhalt ihrer Wohnung verkauft hatten. Einen Teil dieser Kunstwerke benannte Katharina Riezler in einer

Liste. Am 18. Februar 1947 erhielt sie Antwort vom damaligen Leiter der Abteilung der Monuments Fine Arts and Archives Section (MFA&A) Theodore A. Heinrich (in Übersetzung): »Es ist bedauerlich, dass keines der Gemälde und anderen Kunstgegenstände, die der verstorbenen Frau Martha Liebermann gehörten und von ihrer Erbin, Frau Katharina Riezler, beansprucht wurden, am Wiesbadener Sammelpunkt identifiziert wurde.«

Am 6. Januar 1950 fand man noch eines der vermissten Liebermann-Gemälde »Garten im Wannsee« in der Neuen Galerie Linz. Dann endete die Aktenlage in den National Archives in Washington. Die verbliebenen Kunstbestände des »Central Collecting Point München«, jeweils gekennzeichnet durch eine »Münchner Nummer« und Fotografie, wurden an die Bundesregierung übergeben und mit den Beständen der Sammelstelle Wiesbaden vereint.

Ein Urteil der »Wiedergutmachungskammer« über ein Rückerstattungsverfahren der Villa am Wannsee erfolgte.[73] Trotz aufwendiger Nachforschungen war es nicht möglich, den Verbleib aller Möbel aus Marthas Wohnung zu klären.

Nach längerer Krebserkrankung starb Käthe Riezler auf einer Europareise in Frankfurt am Main am 30. Juli 1952.[74] Kurt Riezler verstarb am 6. September 1955 in München. Martha Liebermann wurde am

11. Mai 1954 ins Familiengrab der Liebermanns auf dem Jüdischen Friedhof Schönhauser Allee umgebettet. Martha fand endlich an der Seite ihres Mannes die letzte Ruhestätte in einem späteren Berliner Ehrengrab.

Beiträge zu Frau Martha Liebermann ließen sich kaum finden. Am 7. Mai 1943 erschien in der Zürcher Zeitung *Die Weltwoche*, Nr. 495, ein Nachruf auf »Frau Martha Liebermann«, gezeichnet mit dem Signum »V«. Dieser Beitrag ist vermutlich von Walter Feilchenfeldt verfasst worden. Eine recherchierte Würdigung in Berlin »In memoriam Martha Liebermann« erschien erst zwanzig Jahre nach ihrem Tod.[75] Am 8. Juni 2005 wurde ein ›Stolperstein‹ vor dem Haus am Pariser Platz 7 gelegt.

Martha Liebermann im immateriellen Gedächtnis und in der Gedächtniskultur zu bewahren, ist Auftrag und Erbe zugleich.

Stolperstein

Ihrer zu gedenken und gleichermaßen der Frauen, Kinder und Männer aus mindestens acht Zweigen der Familien Liebermann-Marckwald, die ebenso leidvolle Erfahrungen der Entrechtung, Vertreibung und Vernichtung oder den Hungertod erfahren haben, resultiert aus der immerwährenden historischen Verantwortung.

Schluss – Erinnerung und Gedenkkultur

Die letzten zehn Jahre in Martha Liebermanns Leben spiegeln den beispiellosen Zivilisationsbruch und ein ergreifendes Drama einer jüdischen Frau im Nationalsozialismus wider. Ihre Geschichte ist eine Geschichte derer, die von den Nationalsozialisten entrechtet, verfolgt, in die Emigration oder letztlich in den ›Freitod‹ gezwungen wurden. Martha Liebermann war eine von vielen zurückgelassenen Frauen, die in der Bedeutungslosigkeit verkümmern und sich am Ende selbst das Leben nehmen sollten. Soweit sie nicht starben, wären sie in irgendeinem KZ als Vergessene zugrunde gegangen oder unmittelbar im Lager ermordet worden. Wie viele dieser Leben aus Marthas Verwandtschaft können nicht mehr erzählt werden? Die Mordmaschinerie des »Führerstaates« vernichtete weit über sieben Dutzend jüdische Leben des Marckwald Familienkreises, darunter in Auschwitz. Name und Ort wurden zum Synonym für die Menschheitsverbrechen. Dort war Unaussprechliches geschehen, das sich ehemals und immer noch keiner vorstellen kann. Die kollektive Traumatisierung durch die Täter grub sich in die Psyche ein. Die Erinnerung, die nicht tiefgreifender sein kann, vermittelte das Gefühl der Schuld für den einzelnen Menschen, die kaum mehr zu ertragen war.

Die Zerstörung von Tradition, der menschliche und materielle Verlust, wird bei Martha Liebermann, die als deutsche assimilierte Jüdin durch deutsche Menschheitsverbrechen des NS-Regimes in den Tod getrieben wurde, besonders deutlich. Die Shoah wird noch lange als nicht abgeschlossene Epoche in das allgemeine kollektive Gedächtnis eingehen. Dabei spiegelt nur die eine Biografie Martha Liebermanns das Kapitel der Tragik Deutschlands dramatisch wider.

Anmerkungen

1 Geheimes Staatsarchiv Preußischer Kulturbesitz (GSTAPK), Juden- und Dissidentenregister, VIII. HA, J1, Bd. 30, S. 162.
2 Marina Sandig, *Die Liebermanns. Ein biographisches Zeit- und Kulturbild der preußisch-jüdischen Familie von Max Liebermann*, Degener Verlag, 2005; Marina Sandig, *Sie glaubten Deutsche zu sein. Martha Liebermann-Marckwald. Eine Familiengeschichte zwischen preußisch-jüdischer Herkunft und Shoah*, Degener Verlag, Insingen 2012. Erinnerungskulturell werden die Lebenswege von Martha und Max Liebermann wie auch besonders die verwandtschaftlichen Beziehungen zu den Rathenaus und Dahlheims sowie den Mais betrachtet. Dokumentiert sind die Stammfolgen nahezu aller Familienzugehöriger. Auf emigrierte Verwandte wird verwiesen. In mehreren Fällen weisen die Bücher direkt auf die Shoah hin.
3 Vgl.: Max Liebermann an Carl Sachs, Brief vom 28.2.1934, in: *Max Liebermann. Briefe, Auswahl von Franz Landsberger. Ergänzte Neuausgabe von Ernst Volker Braun*, Stuttgart 1994, S. 70. Erstdruck: *Max Liebermann. Siebzig Briefe*, Schocken Verlag, Berlin 1937.
4 Marina Sandig »*Die Geschichte der Familie Liebermann und die Villa in der Tiergartenstr. 4*«: Vortrag am 4.9.2014 (ungedruckt) in der Landesvertretung Baden-Württemberg anlässlich der Einweihung des Gedenk- und Informationsortes T4.
5 Die Jewish Restitution Successor Organization gab das Selbstbildnis, das man im Keller der Reichskulturkammer fand, an das spätere Israel Museum. 1987 wurde es auf Auktionen in Berlin und Tel-Aviv versteigert. Das Porträt wie auch Liebermanns Bild »Die Heimkehr des Tobias« (Israel Museum 1955), »Besitzerin Frau Prof. Max Liebermann«, gehören zum Bestand der Stiftung Neue Synagoge – Centrum Judaicum.

6 Titel der Ausstellung Max Liebermann zum 150. Geburtstag. Rekonstruktion der Gedächtnisausstellung des Berliner Jüdischen Museums von 1936. Stiftung Neue Synagoge – Centrum Judaicum. Vgl.: Katalog »Was vom Leben übrig bleibt, sind Bilder und Geschichten«, Berlin 1997, S. 15–16.
7 GSTAPK, Juden- und Dissidentenregister (wie Anm. 1), VIII. HA, J1, Bd. 6, S. 5.
8 Humboldt-Universität zu Berlin, Archiv, Geburtenregister 1885 der Berliner Charité.
9 Max Liebermann an Karl Steffeck, Brief vom September 1885 (wie Anm. 3), S. 11-13.
10 Dort lebten u.a. die Wissenschaftlerinnen und Ärztinnen Margha[e]rita Traube Boll Mengarini, die sechste promovierte Frau Italiens, sowie die Malariaforscherin Anna Celli-Fraentzel. In Rom sah die Familie Papst Leo XIII. in einer Generalaudienz in der Sixtinischen Kapelle; das Ereignis hielt der Künstler fest. Standort: Westfälisches Landesmuseum, Münster.
11 Die Gebäude waren ideal für die Verständigung zwischen Personen, Kulturen und Bekenntnissen: Die Baruch-Auerbach'sche Waisenerziehungs-Anstalt, die Lehranstalt für die Wissenschaft des Judentums, eine geplante Höhere Mädchenschule in Zehlendorf sowie die für Knaben in der Großen Hamburger Straße. Eindrucksvoll waren auch die Verwaltungsgebäude in der Rosenstraße und die Stätten auf den jüdischen Friedhöfen.
12 Bei Liebermann, in: Otto Braun, *Von Weimar zu Hitler*, New York 1940, S. 398.
13 Julie Elias, *Die junge Frau. Ein Buch der Lebensführung*, Mosse, Berlin 1921; Julie Elias, *Kochkunst. Ein Führer durch die feine Küche*, Ullstein Verlag, Berlin 1925. Vgl. auch: Martha Liebermann an Julius Elias, Brief vom 14.07.1922, StBPK, HA, NL Julius Elias, Kasten 3, Mappe 113.

14 Vgl.: Martha Liebermann an Fritz Mauthner, Brief vom 10.9.[1902], StPKB, HA, Autogr. I/434/3.
15 Martha Liebermann an Hugo von Tschudi, Brief vom 25.11.1908, in: StBPK, HA, NL Tschudi: M. Liebermann, Nr. 23. Vermutlich ging es um das repräsentative Bildnis des Geheimrats Emil Rathenau, anlässlich dessen 70. Geburtstags, das, von Ludwig Justi erworben, in der Neuen Abteilung der Nationalgalerie im Kronprinzenpalais ausgestellt wurde.
16 Martha Liebermann an Ida Dehmel, Brief vom 6.9.1909, in: Staats- und Universitätsbibliothek Hamburg – Carl von Ossietzky.
17 Martha Liebermann an Ida Dehmel, Brief vom 13.2.1920 (wie Anm. 16).
18 Max Liebermann an Adolph Goldschmidt, Brief vom 17.5.1911 (wie Anm. 3), S. 40.
19 Max Liebermann an Auguste Hauschner, Brief o.D., in: StPKB, HA, NL Auguste Hauschner: M. L., Nr. 2.
20 Melissa Müller and Monika Tatzkow, *Lost Lives, lost Art. Jewish Collectors, Nazi Art theft, and the quest for justice*, Foreward by Ronald S. Lauder, London 2010, S. 116.
21 Max Liebermann an William Rothenstein, Brief vom 14.1.1935, ML 3088, Houghton Library MS Eng 1148, in: Max Liebermann Briefe, Bd. 8, hrsg. von Ernst Braun, Baden-Baden 2019, S. 563; zu: Max Liebermann an Wilhelm Hausenstein, Brief vom 30.12.1928, ebenda, S. 200. Versteigerte Briefe bleiben unberücksichtigt.
22 »Frau Martha Liebermann« steht im zweiten Mitgliederverzeichnis vom Januar 1890. Vgl. auch: »Freie Bühne«, Nr. 3, 1892.
23 Ida Dehmel war die erste bekennende Georgeanerin und einzige Frau, zu der sich Stefan George in platonischer Liebe je hingezogen fühlte. Die Freundschaft zerbrach. George hielt

seine ersten Lesungen im Berliner Salon des Künstlerehepaars Lepsius, in dem auch Käthe Kollwitz, Georg Simmel, Wilhelm Dilthey, Hugo von Hofmannsthal und Rainer Maria Rilke verkehrten.

24 Martha Liebermann an Louise Dumont, Brief vom 10. Mai 1899, NL Schauspielhaus Düsseldorf, SHD-17036.

25 Walther Rathenau an Louise Dumont, Brief vom 23.12.1901, (wie Anm. 24), SHD-17176. Rathenau äußert sich höflich, jedoch ablehnend, da »dienstliche Gründe eine Unterstützung nicht zu ließen«.

26 Vgl.: Julius Elias, *Max Liebermann zu Hause*, Berlin 1918, S. 53.

27 Liebermann malte Kessler 1916 in Uniform. Am 18.11.1918 bestätigte der Vollzugsrat des Arbeiter- und Soldatenrates Groß-Berlin Kessler als ersten deutschen Botschafter in der wiederentstandenen Republik Polen. Am 17.12.1930 schickte Kessler an die Zentral-Redaktion für deutsche Zeitungen einen Artikel »Frick über Deutschland« gegen die drohende Kulturreaktion.

28 Paul Eipper, *Ateliergespräche mit Liebermann und Corinth*, München 1971, S. 11.

29 Akademie der Künste, Archiv Akte, 1236, PrAdk, Bl 238 f. [243/288]. Liebermann kümmerte sich derweil um ein handschriftliches Arbeitszeugnis für den Pförtner Paul Neumann am Pariser Platz, das er auf den 1. März 1927 datierte.

30 Hans Wolff, *Die letzten zwanzig Jahre mit Max Liebermann. Zu seinem heutigen 100. Geburtstag*, in: Sonntagsblatt, Staatszeitung und Herold, New York 20.7.1947.

31 Max Liebermann an Agathe Herrmann, Brief vom 14.6.1920, in: *Max Liebermann, Jahrhundertwende*, Katalog der Ausstellung in der Nationalgalerie, Berlin 1997, S. 238. Liebermann legte das spätere Ehrenpräsidium der Preußischen Akademie der Künste am 7. Mai 1933 nieder.

32 Kurt Riezler an Käthe Liebermann, Brief, [Charleville, 30.12.1914], in: *Aus dem Großen Hauptquartier. Kurt Riezlers Briefe an Käthe Liebermann 1914–15*, hrsg. von Guenther Roth und John C.G. Röhl, Kultur- und sozialwissenschaftliche Studien, Wiesbaden 2016, S. 234; vgl. auch: Brief [Luxemburg] Montag, [28.9.1914], S. 164. Siehe Christopher Jeffrey Collection, Leo Baeck Institute, New York: Guide to the Riezler Letters (AR 25484).
33 Abgedruckt, in: Sandig, *Sie glaubten Deutsche zu sein* (wie Anm. 2), S. 47.
34 Es ist nicht sicher, dass Scheffler den Brief von Martha Liebermann erhalten hat.
35 Eintrag Martha Liebermann, in: Gästebuch Woldemar Seidlitz, Kupferstich Kabinett Dresden, o. Sign.
36 In der Originalrede des Ministers für Wissenschaft, Kunst und Volksbildung Herrn Dr. Becker lauten, wie Hermann Simon festgestellt hat, die korrigierten Schlussworte: »Lassen sie mich mit einem tiefen Dichterwort schließen [...]« Vgl.: Katalog »Was vom Leben übrig bleibt, sind Bilder und Geschichten« (wie Anm. 6, Vorwort, S. 15 f.).
37 Hier zitiert: Beschlussfassung »Beirat gemäß § 3 des Bundesgesetzes über die Rückgabe von Kunstgegenständen aus den Österreichischen Bundesmuseum und Sammlungen, BGBl. I Nr. 181/1998 i.d.F. BGBl. I Nr. 117/2009, (Kunstrückgabegesetz), Sitzung vom 15. Mai 2014. Gegenstand ist der Kunsthandel und die Rückgabe des Gemäldes »Wilhelm Leibl, Bauernküche/Kücheninterieur«, 1888 aus der Österreichischen Galerie an die Rechtsnachfolger/innen von Todes wegen nach Martha Liebermann zu übereignen. Vgl. auch: Pressemitteilung v. 18.8.2014: »In dem an das Nachlassgericht München übersandten Gutachten hat die Taskforce ›Schwabinger Kunstfund‹ [...] für das Gemälde (Lost Art-ID: 477892)

›Zwei Reiter am Strand‹ [...] (1901) den Verdacht auf NS-verfolgungsbedingten Entzug bestätigt. Am 13. Mai 2015 erhielten die Nachfahren von David Friedmann Max Liebermanns Zwei Reiter am Strand zurück.«

38 Anita Daniel, in: *Pariser Tageblatt*, 5.3.1935. Liebermann bezieht sich auf Bismarcks Eingeständnis, er habe viele Nächte aus Hass auf seine Feinde nicht den Schlaf finden können.

39 »Ihn [Liebermann] selbst konnte ich nicht sehn aber mit der Frau sprach ich länger [...]. Sie wissen, daß [Eugen] Spiro von der Kunstkammer als Jude eine Zustellung bekommen hat, wonach ihm jede künstler[ische] Betätigung untersagt ist. L[iebermann] hat nie seine Aufnahme in die Kunstkammer beantragt, sonst hätte auch er dieselbe Antwort bekommen!!«, Vgl.: Käthe Kollwitz an Max Lehrs, Brief vom 1.1.1935, Bayerische Staatsbibliothek, München (BSB) Ana 538.

40 Max Silberberg wurde am 3. Mai 1942 nach Auschwitz deportiert. Der Sohn von Marthas Freundin Julie, Ludwig Elias, wurde am 21. September 1942 in Majdanek ermordet.

41 Hans Ostwald, *Das Liebermann-Buch*, Berlin 1930, S. 19 f.

42 Hermann Simon, *Das Berliner Jüdische Museum in der Oranienburger Straße: Geschichte einer zerstörten Kulturstätte*, Hentrich & Hentrich 2000, S. 95, Endnote 229; Siehe auch S. 67.

43 Karl Scheffler an Gerhard Gollwitzer, Brief vom 19.2.1935, in: *Briefe einer Freundschaft. Karl Scheffler und Gerhard Gollwitzer 1933–1951*, hrsg. und kommentiert von Ernst Braun, Privatdruck, München, Stuttgart, Dresden 2002, S. 17. Drei Wochen nach der Beerdigung veranstaltete der Kulturbund deutscher Juden, dessen Mitbegründer der Theaterkritiker Julius Bab war, in Berlin eine Gedächtnisfeier.

44 *Central-Vereins-Zeitung*, vom 19.3.1936, 1. Beiblatt. Vgl.: Irmgard Schüler, *Das Jüdische Museum. Zwanzig Jahre jüdische Kunstschau*. Israelisches Familienblatt (A), 25.2.1937, S. 16a.

45 Vgl.: Berliner Adressbuch 1937. Recherchen ergaben, dass das Haus am Pariser Platz »nur« stark beschädigt, die Graf-Spee-Str. hingegen bei demselben Bombenangriff vernichtet worden war. Am 22.11.43 war Martha L.s Wohnung längst geräumt und der Nachlass durch die Nazi-Behörden konfisziert und in alle Winde zerstreut.

46 Tel Aviv Museum of Art Archive. Chana Schütz, stellvertretende Direktorin der Stiftung Neue Synagoge Berlin – Centrum Judaicum, publizierte gründlich zur Thematik. Vgl. auch: Chana Schütz, *Max Liebermann, Impressionistischer Maler. Gründer der Berliner Secession*, Jüdische Miniaturen Band 3, Hentrich & Hentrich, 2004.

47 Erich Hancke an Karl Scheffler, Brief vom 14.12.1945, hier zitiert: *Spurensuche: Erich Hancke – Zwischenbericht – Briefe von Erich Hancke an Karl Scheffler*, hrsg. von Ernst Braun, Dresden 2005 (privat), S. 19.

48 Toni Stolper an Wayne Thompson, 9. Mai 1976. W. C. Thompson. *In the Eye of the Storm. Kurt Riezler and the Crises of Modern Germany.* Iowa City 1980, S. 186.

49 »Die Zeit«, 5.12.2013, Der Fluch der Raubkunst. Ein Berliner Auktionshaus zeigt sein kaltes Herz.

50 Beschlussfassung, (wie Anm. 37). Mit Vereinbarung vom 2.2.2012 wurden die von Martha Liebermann am 18.2.1937 an die Berliner Nationalgalerie verkauften Zeichnungen von Adolph Menzel von der Stiftung Preußischer Kulturbesitz zurückgegeben.

51 Buch anlässlich der Ausstellungen: London 1938: *Defending ›degenerate‹ German Art. The Wiener Library for the Study of the Holocaust & Genocide, London 13.06.2018–14.09.2018*; London 1938: *Mit Kandinsky, Liebermann und Nolde gegen Hitler, Liebermann-Villa am Wannsee, Berlin 7.10.2018 – 14.01.2019*, hrsg. Lucy Wasensteiner und Martin Faass, Wädenswill 2018, S. 96.

52 *The New York Times*, Thursday 25 August 1938, p. 8; *Time Magazine*, Monday 18 July 1938; Vgl. auch: Royal Society Minutes of Council, 16. Februar 1939, Bd. 15, 1936–1940, S. 199.
53 Beschlussfassung (wie Anm. 37).
54 Erich Hancke an Karl Scheffler, Brief vom [31.7.] 1946, in: *Spurensuche* (wie Anm. 47), S. 31. Ob weitere Bilder unter den im Gurlitt-Fund befindlichen Werken sind, harrt der Klärung.
55 Vgl. zur Vermögensliste: Sandig, *Sie glaubten Deutsche zu sein* (wie Anm. 2), S. 152.
56 Evas Mann, Otto Max Koebner, war von 1915 als Kriegsreferent im Reichsamt des Innern tätig. 1925 übernahm er den Lehrstuhl für Auslandskunde, auswärtige Politik und Kolonialwesen an der Universität Frankfurt, wo er 1933 aus »rassischen« Gründen emeritiert wurde. Koebner lebte bis 1934.
57 Martha Liebermann an Emma Zorn, Brief vom 18.10.1941, in: Archiv Zornsamlingarna, Mora, hier zitiert: Sandig, *Sie glaubten Deutsche zu sein* (wie Anm. 2), S. 166.
58 Martha Liebermann an Walter Feilchenfeldt, Brief vom 9.11.1941, ebenda, S. 174.
59 Das Reichsbürgergesetz definierte »Staatsangehörige deutschen oder artverwandten Blutes« als Reichsbürger. Deutsche »jüdischen« Blutes wurden ausgeschlossen.
60 *Hauptquartier* (wie Anm. 32), S. 290 f. Siehe auch: Carolyn Gossage, *Auf Irrfahrt. Sieben kanadische Frauen unterwegs im »Dritten Reich«*, aus dem Englischen von Britta Grell, Ch. Links Verlag, 2009.
61 Archiv des Deutschen Roten Kreuzes, Bonn, hier zitiert: Sandig, *Sie glaubten Deutsche zu sein* (wie Anm. 2), S. 168.
62 »All this time I have been trying to get in touch with Edgar Uxkull, and at long last I got some letters through to him and have his answers. As he was so helpful to my mother and took the Zorn pictures to Sweden under very severe personal risks,

(he was even bombed in Warnemünde), as you probably know, I think he is entitled to them morally and I wrote to him accordingly and put the pictures at his disposal.« In: Cecilia Lengefeld und Annette Roeloffs-Haupt, »Mir ist die Situation unerträglich geworden«. Martha Liebermanns verzweifelte Hoffnung auf eine Ausreise nach Schweden 1941–1943, in: *Martha Liebermann. Lebensbilder*, hrsg. von Martin Faass, Berlin, 2007, S. 85–106. Vgl. auch: »*Zwei Bilder – ein Schicksal*«, in: Die Welt, vom 16.4.1949.

63 »*Geschichte und Geschichten*« (1997): www.luise-berlin.de.

64 Zu den Bemühungen des Bankiers F. Andreae vgl. Sandig, *Sie glaubten Deutsche zu sein* (wie Anm. 2), S. 170; zu dem oben erwähnten E. Alenfeld siehe: Bernd Schmalhausen, »*Ich bin doch nur ein Maler*«. *Max und Martha Liebermann im ›Dritten Reich‹*, Hildesheim 1998, passim. Nach Alenfeld holten die Nazi-Schergen Frau Liebermann am 5. März ab. Ob Martha Liebermann noch zwei Stunden Zeit gewährt wurden, ist nicht stichhaltig belegt. Vgl. ebenda, S. 169.

65 Karl Scheffler, Max Liebermann, Insel-Verlag, 1953, S. 109. Die Ausgabe basiert auf den Scheffler-Nachlass. Zu Weyl vgl. *Geschichten* (wie Anm. 63).

66 Die perfiden Vorschriften kannte Martha Liebermann. Der Verkauf des Schlafmittels Veronal stand unter Strafe. Jeder musste der Gestapo ausgeliefert werden. Dennoch wurden im Jahr 1942 auf dem Jüdischen Friedhof in Weißensee 823 Menschen mit dem Vermerk Freitod bestattet. Siehe: Anna Fischer, *Erzwungener Freitod. Spuren und Zeugnisse in den Freitod getriebener Juden der Jahre 1938–1945 in Berlin*, mit Beiträgen von Rabbiner Joel Berger, Sibyll Einholz und Hermann Simon, Berlin 2007.

67 Landesarchiv Berlin, A Rep. 358-02, 143108, in: *Fundstellen*.

Spuren von NS-Verfolgten in Berliner Archiven, hrsg. von Christoph Kreutzmüller und Monika Sommerer, 2. verb. Aufl., Berlin 2015, S. 35.
68 Vgl. Landesarchiv Berlin, P Rep 830, 114, Urk, 1559/43, abgebildet in: Fundstellen (wie Anm. 67), S. 36.
69 Zum Reichsanzeiger vom 26.3.1943 siehe auch: Rep. 36 A (II), Oberfinanzpräsident Berlin-Brandenburg, II, Nr. 23296, Bl. 10r, Brandenburgisches Landeshauptarchiv.
70 Martin Riesenburger, *Das Licht verlöschte nicht. Ein Zeugnis aus der Nacht des Faschismus,* Berlin 2003, S. 74 und 77.
71 Landeshauptarchiv Berlin, Aktenzeichen 51/32643 laut Straßenliste. Die Beschlagnahmeverfügung war in den Akten des »Landesamtes zur Regelung offener Vermögensfragen«, Berlin, bezüglich des Grundstücks Pariser Platz 7, Bl. 56, bezüglich des verzeichneten Grundstücks am Wannsee Bl. 759.
72 Zum Rechtsstreit: u.a. Aktenbestand AZ B Rep 025-07 Nr. 2364/50, Landesarchiv Berlin; zum Urteil der Wiedergutmachungskammer vom 12.2.1951, Landesarchiv Berlin, B Rep. 025-01, 01 WGA 1438/50.
73 Fundstellen (wie Anm. 67), S. 38–39.
74 Beglaubigte Abschrift abgedruckt in: Sandig, *Sie glaubten Deutsche zu sein* (wie Anm. 2), S. 199.
75 *Der Tagesspiegel* vom 10. März 1963.

Bildnachweis

Umschlag vorn und Seite 6: Scherl/SZ Photo
Seite 16: Hans Ostwald, Das Liebermann-Buch, Berlin 1930, S. 255
Seite 26 oben: Berliner Börsen-Zeitung, Morgen-Nr. 233, 20. Mai 1884, S. 11
Seite 26 unten: Zeitbilder. Beilage zur Vossischen Zeitung, Nr. 27, 3. Juli 1927, S. 3
Seite 27: Hans Rosenhagen, Liebermann, hrsg. von H. Knackfuß: Künstlermonographien, Bd. XLV, Bielefeld und Leipzig 1900, S. 3
Seite 30 oben/unten: Hans Ostwald, Das Liebermann-Buch, Berlin 1930, S. 235 und S. 361
Seite 34: Rudolf Klein, Max Liebermann, in: Die Kunst. Sammlung illustrierter Monographien, hrsg. von Richard Muther, Berlin 1906, S. 52
Seite 35: Hans Rosenhagen, Liebermann, hrsg. von H. Knackfuß: Künstlermonographien, Bd. XLV, Bielefeld und Leipzig 1900, S. 64
Seite 38: Hans Ostwald, Das Liebermann-Buch, Berlin 1930, S. 261
Seite 43 oben/unten: Herbert Sandig
Seite 56 oben: Dr. Tina Leonard/Oxford
Seite 56 unten: SZ Photo
Seite 60 oben: Zeitbilder. Beilage zur Vossischen Zeitung, Nr. 27, vom 3. Juli 1927, S. 3
Seite 60 unten: Welt-Spiegel, Illustrierte Beilage. Berliner Tageblatt und Handelszeitung, Berlin, 5. Juni 1932
Seite 63: Scherl/SZ Photo
Seite 64: ZB SMPK

Seite 67: Museum Georg Schäfer, Schweinfurt
Seite 81: Zornsamlingarna, Mora, Schweden
Seite 88, 90: Herbert Sandig
Umschlag hinten: Herbert Sandig

Über die Autorin

Marina Sandig
ehemals wissenschaftliche Mitarbeiterin an der Akademie der Wissenschaften; im Anschluss wissenschaftliche Tätigkeiten u.a. in der Stiftung Neue Synagoge – Centrum Judaicum; anschließend war sie langjährige wissenschaftliche Mitarbeiterin am Zentrum für Militärgeschichte und Sozialwissenschaften der Bundeswehr, Potsdam. Sie ist Autorin mehrerer Bücher, Aufsätze und Beiträge zur preußisch-jüdischen Familie Liebermann-Marckwald.

Jüdische Miniaturen Band 3

Chana Schütz
Max Liebermann
Impressionistischer Maler – Gründer der
Berliner Secession
64 Seiten, 15 Abbildungen, ISBN 978-3-942271-14-1
EUR 6,90